스쿠버다이빙 수신호의 모든 것

SCUBA DIVING
HAND SIGNALS

스쿠버 다이빙 수신호의 모든 것

스쿠버다이빙을 해보지 않았다면
당신은 아직 지구의 70.8%를 모르는 것입니다.

책을 펴내면서

사람과 사람 사이에 건전한 유대 관계를 유지하거나 같은 목적을 가진 일을 할 때 서로 간의 소통은 가장 중요한 요소일 것입니다. 소통의 방법으로 가장 흔한 것이 말일 것이고, 그 다음으로 글이나 몸짓이 되겠지요. 물속에서 하는 스포츠인 스쿠버 다이빙에서 말을 할 수 없다는 것은 소통의 가장 큰 장애원인입니다. 스쿠버 다이버들 중 과거에 초급다이빙 시절 수중에서 어떤 곤란한 지경에 봉착했을 때 말로는 표현할 수 없고, 어떻게 버디나, 리더에게 지금의 상황을 알려야 할지 몹시 난처했던 경험이 있는 사람이 적지 않을 겁니다. 그러나 오래 전부터 스쿠버 다이빙을 하는 사람들은 물속에서 다이버 간의 의사소통을 청각장애인들이 하는 방식과 같이 손으로 하는 약속 신호를 개발하기 시작하여 점진적으로 축적, 확대하여왔고, 대부분의 주요 수신호가 현재 국제적으로 통용되고 있습니다.

다이빙 수신호는 스쿠버 다이빙을 배우려는 초심자가 풀장의 훈련과정에 있을 때 가장 기본적인 필수교육으로 되어 있고, 훈련과정 이

후 바다에 나가서도 다이버 간의 의사소통에 중요한 수단이 되었을 뿐만 아니라, 마침내 수신호는 스쿠버 다이빙을 좀 더 즐겁고 흥미롭고 유익하게 그리고 안전하게 수행할 수 있는 중요한 받침돌로 자리매김하였습니다.

그러나 수신호라는 것이 언어의 발달이나 변형과정과 유사하여 나라마다 또는 지역이나 각기 다른 다이빙협회의 성격에 따라 각각 다른 형태의 수신호를 사용하고 있습니다. 그래서 국내 다이빙계에서는 쓰지 않지만 외국에서는 보편적으로 사용하는 수신호도 수록하였는데, 향후 스쿠버 다이빙 추세가 글로벌하게 발전하여 혼자서 해외 다이빙 여행에 참가하였을 경우에도 그 쪽의 수신호를 알아볼 수 있도록 하였습니다.

책자를 준비하면서 처음 망설이다가 다시 시작한 이유는 가까운 미래에 Full face mask와 수중 음성 통신장비가 보편화되면 수신호 대신 말로 의사소통이 가능해지는 시절이 오겠지만, 기계라는 것은 예고없이 불시에 고장이 날 수도 있기 때문에 수신호가 아주 사라지지는 않을 것이라고 믿었기 때문입니다.

국내에서 발간된 몇 가지 스쿠버 다이빙 관련 책자에는 수신호에 대한 간략한 서술이 있습니다만 수신호만을 중점적으로 다룬 책자는 없었습니다.

제가 다이빙 수신호에 관심을 갖게 되면서 처음에는 우리 '스쿠바 오아시스' 회원들에게 외국서적에 나온 수신호를 그림으로 소개하는 식으로 인터넷 홈페이지에 몇 회 업로드하였는데, 반응이 좋았고,

우리 회원 중 출판을 업으로 하는 아우가 책자로 만들 것을 권하였기에 용기를 내어 더 보강하게 되었습니다. 인생 말년에 책 하나를 만든다는 것이 이렇게 어려운 줄 모르고 착수한 것이 저에게는 좀 벅찬 일이었습니다만 우리 회원들의 적극적인 성원에 힘입어 저의 여러 가지 건강상의 애로를 극복하면서 여기까지 오게 되었습니다.

이 책은 다이빙 수신호에 대한 외국서적으로 Lars Behnke의 'Scuba Diving Hand Signals'과 Dave van Stijn 및 Mike Harterink의 'Scuba Signs: The Guide to All Diving Hand Signals'이라는 책자를 보면서 참고하고 인용하였음을 밝힙니다.

편집하면서 느꼈던 점은 해양생물 수신호 편에서 국내 바다에서는 볼 수 없는 어종이 대부분 차지한 것이 아쉬웠는데, 점차 해외 다이빙도 증가하고 있기에 알아두면 좋을 듯합니다.

또 한 가지는 우리가 동남아시아 바다에서 흔히 보는 Butterflyfish나 Angelfish Family안에는 그 모양과 이름이 각각 다른 수많은 Butterflyfish와 Angelfish가 있는데, 그 모두를 각각 한 가지 수신호로 표시한다는 것이 좀 빈약해 보였습니다.

그러나 실제로 Butterflyfish와 Angelfish 모든 종류를 수신호로 만든다는 것은 너무나 방대한 일일 터이고, 또 만들었다 해도 너무 많아서 다이버들이 기억을 하지 못하면 쓸모가 없을 것입니다.

'발리카삭에서 거북이와 함께 고핀' _ 촬영 2024년 3월, 윤성재

    그럼에도 불구하고 없는 것보다는 있는 것이 더 좋을 거라는 생각에서 앞으로 몇 가지 개인적으로 애호하는 어종에 대해서도 수신호가 더 만들어졌으면 하는 기약 없는 희망을 가져봅니다.

    이 책자가 스쿠버 다이버들 간의 원활한 의사소통과 안전 다이빙에 그리고 해양생태계 보전에 조그만 도움이라도 될 수 있기를 바랍니다.

2025년 이른 봄
고핀 김 광 평 Gopin

목 차

책을 펴내면서   04

제 1장 | COMMON SIGNALS
일반적인 신호   14

좋냐? 좋다 OK? OK ~	16
장갑 끼었을 때 OK OK(Gloves)	16
수면일 때 OK 1 OK(Surface Signal 1)	17
수면일 때 OK 2 OK(Surface Signal 2)	17
야간일 때 OK OK(Light Signal, Night)	18
정지 그리고 대기 Stop and Wait	18
질문 있어요 Question	19
나는 몰라요 I Don't Know	19
그렇다. 긍정적인 대답 Yes	20
아니다, 그렇지 않다, 싫다 또는 안돼 No	20
작다, 적다 Small, Little	21
크다 Big	21
안 돼. 하지마 Don't	22
하강 Descend	22
일정 수심까지 하강 Descend to a certain depth	23
조금만 하강 Descend a little	23
상승 Ascend	24
일정 수심까지 상승 Ascend to a certain depth	24
조금만 상승 Ascend a little	25
이리로 와요 Come Here	25
이 수심에서 머문다 Stay at This Depth	26
어떤 쪽이야? Which Way?	26
이쪽이다 This Way	27
이 쪽이다 This Way(CMAS)	27
위로, 넘어서 가자 Dive Over(Above)	28
아래, 밑으로 가자 Dive Under(Below)	28
되돌아 가자 Turn Around	29
진정해. 천천히 가 Relax(Slow Down)	29
손을 잡아 Hold Hands	30
좀 더 빨리, 서둘러 Faster(Hurry Up)	30
앞서고, 따라 가세요 Lead-Follow	31
좀 더 가까이 Closer	31
생각해, 기억하삼 Remember(Think)	32
잊어버렸어요 I forgot	32
배, 보트 Boat	33
난파선 Wreck	33
봐라 Look	34
내가 혹은 나를 I or Me	34
저리로 상승 Ascend, Exit This Way	35
안전정지 Safety Stop	35
천장 혹은 감압시점 도래 Ceiling	36
휴식 중, 피곤해서 Rest / Tired	36
집어 올려 Pick up	37
떨어트려 Drop	37
나를 건져 줘요 Pick Me Up	38
글자로 써 줘 Write It Down	38
시야가 좋다, 나쁘다 Visibility, Good or Bad	39
어두워지고 있다 It's getting dark	39
다이빙 끝난 후 책 찾아봐요 Lookup in book after dive	40
미안합니다 I am sorry	40
들어봐요 Listen	41
수면(水面)을 체크해 Check Surface	41
멈춰, 그만둬, 중지 Hold On	42
집으로 가자 (Let's go) Home	42
길 찾기 (Which) Compass Heading? Navigate	43
여기, 이 사람, 거기 This(There)	43
SMB 올려요 (Surface Marker Buoy) Up	44

집중, 주의가 필요해 Attention(Flashlight Signals)	44	
다이빙 끝이다 End of Dive	45	

제 2 장　PROBLEM SIGNALS
문제 있을 때의 신호　46

문제 있어요 Problem	48
야간 구조 요청 또는 응급상황 Problem, Help or Emergency(Light Signal)	48
살려줘요! Help!(Surface Signal)	49
내 짝을 놓쳤어요 Lost My Buddy	49
공기가 모자란다 Low on Air	50
공기가 떨어졌다 Out of Air	50
공기 좀 줘요 Give Me Air	51
위험해요 Visible Danger	51
심리적 위험 Danger	52
괜찮아졌어요 Safe	52
이퀄라이징 안돼 Can't equalize my ears	53
귀문제가… Ears Not Clearing(CMAS)	53
춥다 1 Cold 1	54
춥다 2 Cold 2	54
덥다 Hot	55
아파요 Sick	55
물렸어요 Bitten	56
찔렸어요 Stung	56
독이 있어요 Venomous	57
출혈. 피 나요 Bleeding	57
구조 시작 또는 구조 요청 Rescue	58
나 데꼬 걸렸지 (I am in) Deco, Decompression Stop	58
불안하다, 두렵다 Fear	59
스트레스 / 공황상태 Stress / Panic	59
들러붙었다, 사이에 끼어 갇혔다 Stuck	60
말려들었어 Entanglement	60
기진맥진, 지쳤다 Exhaustion	61
현기증, 어지러워 Dizziness	61
질소마취 Nitrogen Narcosis	62
나 감압병 걸린 거 같아 I think I am bend	62
공기가 많이 새요 Leak Big Bubbles	63
공기가 조금 새요 Leak Tiny Bubbles	63
마스크에 물 들어와요 Water in Mask	64
마스크에 김이 서려요 Mask Foggy	64
불량 시야 Poor Visibility or Silt Out	65
근육 경련 Cramp	65
나 길 잃었어요 I am lost	66
웨이트가 너무 많다, 적다 About weight control	66
배고파요 Hungry	67
목말라요 Thirsty	67

제 3 장　TRAINING SIGNALS
훈련에 관한 신호　68

집합 Gather	70
제가 담당입니다 I am in charge	70
무릎 꿇은 자세로 On Your Knees	71
숨 쉬기, 숨 쉬세요 Breathe	71
주목하세요 Attention	72
실습 시작 Exercise Begins	72
시작해요, 진행해요 Start / Go ahead	73
실습 종료, 동작 그만 Exercise Ends or Abort Action	73
다시, 반복하세요 Again(Repeat)	74

버디, 짝 어디에? 짝 누구? Buddy	74	
버디와 좀 더 가까이 해요 Get closer to your buddy	75	
서로 떨어지세요 Move Apart	75	
조금만 상승하셈 Ascend a little	76	
중성부력 유지하기 Hovering	76	
헤엄치세요 Swim	77	
다리를 뻗어요 Extend your legs	77	
다리 사이를 벌려요 Spread your legs	78	
이 쪽으로 몸을 기울여요 Lean to one side	78	
헤엄칠 때 손 쓰지 마세요 Don't swim with your hands	79	
입으로 공기방울을 내보내 봐요 Blow Bubbles	79	
BC 공기 넣기 Inflate	80	
BC 공기 빼기 Deflate	80	
바닥에 닿지 않게 하삼 Don't touch the bottom	81	
엎드려요 Lay down	81	
이퀄라이징하세요 Equalize	82	
자리를 바꿔 보세요 Change Place	82	
코로 불어내세요 Breath out through your nose	83	
잘 했어요 / 하이 파이브 Well done / High Five	83	
앞쪽을 봐라 Look to the front	84	
위쪽을 봐라 Look up	84	

제4장 AIR PRESSURE AND NUMBER SIGNALS
공기압 및 숫자에 관한 신호 86

공기 얼마 남았어요? How much air?	88
70bar demo	89
70-100bar demo	89
110bar~140bar	90
120bar demo	90
150bar~160bar	90
100bar, 150bar, 160bar	91
170bar~200bar	91
숫자에 관한 신호	92

제5장 UNDERWATER WILDLIFE SIGNALS
해양생물에 관한 신호 94

독침가오리 Stingray	96
푸른점꽁지가오리 Bluespotted Stingray	97
전기가오리 Electric Ray	98
대왕쥐가오리 Manta Ray	99
매가오리 Eagle Ray	100
상어 Shark	101
암초상어 Reef Shark	102
귀상어 Hammerhead Shark	103
표범상어 Leopard Shark	104
황소상어 Bull Shark	105
백상아리 White Shark	106
수염상어 Nurse Shark	107

환도상어 Thresher Shark	108	
배암상어 Tiger Shark	109	
고래상어 Whale Shark	110	
바라쿠다(꼬치고기 일종) Barracuda	111	
랍스터 Lobster	112	
곰치 Moray Eel	113	
버팔로피쉬 Buffalofish	114	
얼룩무늬 정원장어 Garden Eel	115	
양놀래기 Wrasse	116	
참바리 Grouper	117	
세줄가는돔 Fusilier	118	
노랑거북복 Boxfish	119	
뿔복 Longhorn Cowfish	120	
버터피쉬 Butterfish	121	
씬뱅이 Frogfish	122	
드럼피쉬 Drumfish	123	
촉수 Goatfish	124	
잭피쉬 Jack fish(Bigeye Trevally)	125	
납작머리 Flathead	126	
광어 Flatfish	127	
테이블산호 Table Coral	128	
튜브해면 Tube Sponge	129	
나폴레옹피쉬 Napoleonfish(Humphead Wrasse)	130	
참치 Tuna or Mackerel	131	
고래 Whale	132	
돌고래 Dolphin	133	
복어 Pufferfish	134	
바다뱀 Sea Snake	135	
성게 Sea Urchin	136	
만다린피쉬 Mandarinfish	137	
동갈이 Cardinalfish	138	
해파리 Jellyfish	139	
면도날물고기 Razorfish	140	
흰동가리 Clownfish(Anemonefish)	141	
쏠종개 Catfish	142	
산호 Coral	143	
실고기 Cornetfish(Flutemouths)	144	
가시돔 Hawkfish	145	
턱고기, 후악치 Jawfish	146	
토끼고기 Rabbitfish	147	
활치 Spadefish(Batfish)	148	
나비고기 Butterflyfish	149	
배너피쉬 Bannerfish	150	
마스크 배너피쉬 Masked Bannerfish	151	
깃대돔 Moorish Idol	152	
앵무고기 Parrotfish	153	
어름돔 Sweetlip(Grunt)	154	
파이프피쉬 Pipefish	155	
해마 Seahorse	156	
쏠베감팽 Lionfish	157	
쏨뱅이, 전갈물고기 Scorpionfish	158	
스톤피쉬 Stonefish	159	
쥐치복 Triggerfish	160	
양쥐돔 Surgeonfish	161	
큰뿔표문쥐치 Unicornfish	162	
앵글러피쉬 Anglerfish	163	
아귀 Monkfish(Toadfish)	164	
트럼펫피쉬(주벅대치) Trumpetfish	165	
솔저피쉬 Soldierfish	166	
엔젤피쉬 Angelfish	167	
잎고기 Leaffish	168	
다람쥐고기 Squirrelfish	169	
빨판상어 Remora	170	
바다거북 Sea Turtle	171	
대형해조류 Kelp(Seaweed)	172	
해면 Sponge	173	
항아리해면 Barrel Sponge	174	

개복치 Mola mola	175	
불가사리 Starfish	176	
스내퍼 Snapper	177	
뇌산호 Brain Coral	178	
갈돔 Emperor	179	
불산호 Fire Coral	180	
말미잘 Anemone	181	
부채산호 Sea Fan	182	
조개 Clam	183	
대왕조개 Giant Clam	184	
바다민달팽이 Sea Slug	185	
바다달팽이 Sea Snail	186	
무늬개오지 Cowry	187	
문어 Octopus	188	
오징어 Squid	189	
크리스마스 트리 웜 Christmas Tree Worm	190	
새우 Shrimp	191	
청소새우 Cleaner Shrimp	192	
게 Crab	193	
집게 Hermit Crab	194	
가시관불가사리 Crown of thorns	195	
갯가재 Mantis Shrimp	196	
배도라치 Blenny	197	
망둥어 Goby	198	
해삼 Sea Cucumber	199	
유령 파이프피쉬 Ghost Pipefish	200	
청소놀래기 Cleaner Wrasse	201	
성대 Gurnard	202	
뱀장어 Snake Eel	203	
상사줄자돔 Sergeant Major	204	
매퉁이 Lizardfish	205	
철사산호 Wire Coral	206	

제 6 장 ENVIRONMENT SIGNALS 환경에 관한 신호   208

수온(水溫) Temperature	210
수온이 올라가 Temperature Rising	210
수온이 떨어져 Temperature Falling	211
수온약층(水溫躍層) Thermocline	211
해류(海流), 조류(潮流) Current	212
상승해류 Upwelling	212
하강해류 Down Current	213
수심(水深)이 얕다 Shallow	213
수심(水深)이 깊다 Deep	214
모래 혹은 침전물 해저(沈澱物 海底) Sand or Sediment	214
돌 또는 바위 해저 Stone or Rock	215
수중동굴(水中洞窟) Cave	215
드롭 오프, 절벽 Drop-Off	216
교량(橋梁), 잔교(棧橋) Bridge or Jetty	216
산호초(珊瑚礁) Coral Reef	217
청소하는 장소 Cleaning Station	217
동굴, 열린 굴, 구멍 Cave, Opening, Hole	218
암초 가까이 머물러요 Stay close to the reef	218
모래 주름 Sand Wrinkles	219
파도(波濤) Waves	219
달 Moon	220
해 Sun	220
해안(海岸) Sea Shore	221
유물(遺物) Hangover	221
부두(埠頭) Pier	222
협곡(峽谷) Canyon	222
해저 봉우리 Pinnacle	223
갈라진 틈, 크레바스 Crack / Crevasse	223

아치 Arch	224
해저 덫 Trap	224

제 7 장 | EMOTION SIGNALS
감정에 관한 신호 226

좋아하는 것 Love	228
공격적이다 Aggressive	228
소리내서 크게 웃자 LOL(Laugh Out Loud)	229
행복해 Happy	229
슬퍼요 Sad	230
너무 멋져, 대박, 끝내준다 Too Cool	230
싫증난다, 지루하다 Boring	231
어쨌든 난 상관없어 Whatever(I Don't Care)	231
아차, 아이고, 이런 Oops	232
고맙습니다 Thanks	232
존경합니다 Respect	233
최고 다이빙이었습니다! Best Dive ever!	233
술 한잔 사시게 You pay for the drinks	234

제 8 장 | MISCELLANEOUS SIGNALS
잡동사니 신호 236

물고기 Fish	238
물고기 떼 Schooling	238
많이 Many	239
남성, 수컷 Male	239
여성, 암컷 Female	240
교접(交接), 짝짓기 Mating	240
잔다, 졸립다 Sleeping	241
죽었어 Dead	241
무언가 찾는다 Search for	242
뒤돌아 헤엄쳐 갑니다 Turn Around and Swim Back	242
쭉 헤엄쳐 간다 Swim Through	243
선(線), 밧줄 Line	243
자르세요 Cut	244
꽉 붙잡아 Hold(Hang On)	244
묶어, 고정해요 Bind(Fix)	245
칼 Knife	245
접촉(接觸) Touch	246
만지지 마요 Don't Touch	246
사진 찍어요 Take Photo	247
배터리 어때? Battery Full?	247
배터리 충분해 Battery Full	248
배터리 반쯤 Battery Half-Full	248
배터리 모자라 Battery Low	249
라이트 켜세요 Light(Lamp)	249
라이트 끄세요 Light off	250
부러지다, 부러트리다 Broken	250
줄을 꽉 붙잡아 Hold on to the line	251
짜자안 Ta-daah	251
그러다 쇠고랑 찬다 / 빵에 간다 Forbidden / Illegal	252
이거 비밀 지키세요 Keep it a secret	252
제에발! Please!	253
너 잘할 수 있어 / 잘했어, 바로 그거야 You've got it.	253
편집 후기	254

스쿠버 다이빙 수신호의 모든 것

제 ① 장

COMMON SIGNALS

일반적인 신호

좋냐? 좋다 OK? OK - *

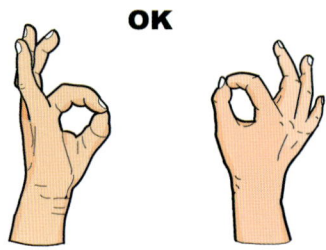

엄지와 검지를 붙여 동그랗게 만들고 다른 세 손가락을 편다. 왼편 모습은 상대가 보는 모습이고, 오른편은 내가 보는 모습이다.

일반적으로는 돈을 의미하는 제스처로 통하지만 다이버들이 가장 많이 사용하는 수신호.
강사나 버디가 상대방에게 묻는 신호인 동시에 그에 대한 대답도 같은 모양의 신호를 사용한다.

장갑 끼었을 때 OK OK(Gloves) *

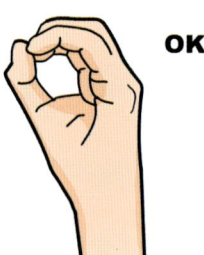

엄지손가락과 나머지 손가락으로 둥글게 만든다.

드라이슈트 다이빙할 때 두꺼운 방한용 장갑을 끼면 손가락 모양을 정상적인 OK 모양으로 만들기 어렵기 때문에 이것을 OK 신호로 사용한다고 하지만 귀찮아 그런지 잘 사용하지 않는다고...

* Recreational Scuba Training Council에서 표준신호로 인정된 수신호

수면일 때 OK 1 OK(Surface Signal 1) *

머리 위로 양팔을 올려 두 손의 손가락이 머리 위에 닿게 한다.

역시 OK 신호, 수면에서 사용한다. 입수 직후에 보트에 있는 강사나 버디에게 또는 상승 후 수면에서 멀리 떨어져 손가락 OK 신호가 잘 보이지 않을 위치에 있는 버디에게 사용한다.

수면일 때 OK 2 OK(Surface Signal 2) *

한 쪽 팔을 올려 머리 꼭대기 위에 손가락이 닿게 한다.

역시 OK 신호, 수면에서 한 손만으로도 쓸 수 있다.
입수 직후에 보트에 있는 강사나 버디에게 또는 상승 후 수면에서 그리 멀리 떨어져 있지 않은 강사나 버디에게 사용한다.

야간일 때 OK OK(Light Signal, Night)

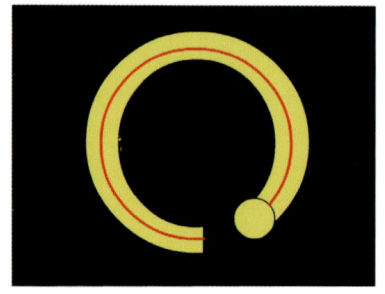

OK(Light Signal, Night)

야간 다이빙 시 갖고 있는 라이트를 이용하여 원을 그려 OK 사인을 주고 받는데, 상대가 멀리 있는 경우는 수면이건 수중이건 그림과 같이 원을 그린다.

해저까지 하강했을 때는 상대방의 눈을 자극하지 않기 위하여 바닥에 원을 그리든지, 상대가 가까이 있을 경우는 손바닥에 원을 그린다.

정지 그리고 대기 Stop and Wait *

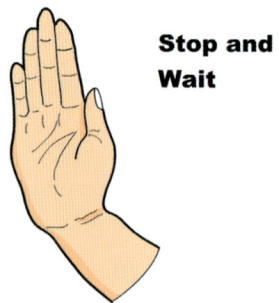

Stop and Wait

상대를 향하여 손바닥이 보이게 수직으로 세워 손가락은 다 붙인 모양으로 손을 든다.

수중에서 진행 중 어떤 이유로든 상대가 일단 정지하고 그 상태에서 대기하도록 하는 수신호.
테크니컬 다이버나 동굴 다이버들은 주먹을 쥐어 보이는 것이 Stop and Wait 신호다.

질문 있어요 Question

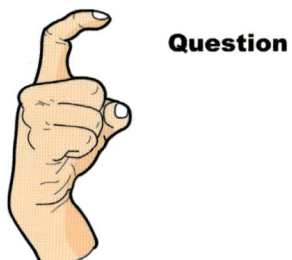

주먹을 쥔 상태에서 2번째 손가락을 펴서 꼬부린다.

다이버들은 이 신호와 함께 다른 신호와 병합하여 의견을 전달한다.

예를 들면, 상대가 지쳐 보일 때 이 신호로 "왜 그러냐"하고 물어보면 "나 몹시 지쳤다"라는 표현인 61p "Exhaustion" 신호로 대답할 수 있다.

나는 몰라요 I Don't Know *

팔꿈치를 구부리고 손바닥을 위로 한 채 어깨를 으쓱하고 올린다.

일상생활 중에도 흔히 쓰이는 제스처. 어떤 Question에 대한 반응으로 쓰일 수도 있고 또는 "이해되지 않아요. (I don't understand.)"라는 의미로도 쓰이는 신호.

그렇다. 긍정적인 대답 Yes

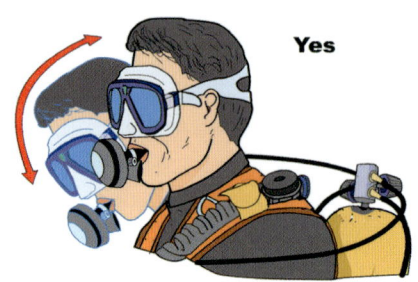

고개를 앞으로 숙여 끄덕인다. 손으로 하는 신호는 아니지만 평상시 긍정을 표시하는 일상적인 제스처와 동일하다.

Question에 대한 대답으로 사용할 수 있고, 팔을 쓸 수 없는 경우에 OK 사인으로도 대용할 수 있다.

아니다, 그렇지 않다, 싫다 또는 안돼 No

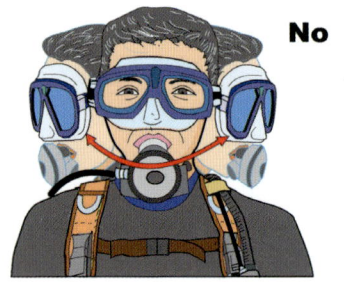

머리를 양옆으로 번갈아 돌린다.

다이버뿐만이 아니라 일상생활 중에도 쓰이는 부정적인 의미의 제스처와 같은 신호.

어떤 Question에 대한 대답으로 "아니다, 그렇지 않다, 싫다"라는 의미 외에도 "안 돼", 즉 22p "Don't"라는 의미로 사용하는 다이버도 있다.

작다, 적다 Small, Little

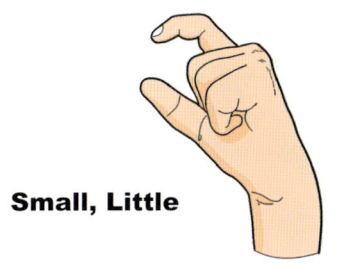

주먹 쥔 손에서 엄지와 검지를 편 다음 무언가 작다는 것을 암시하는 듯이 두 손가락을 약간 구부린 모양을 한다.

이 신호는 페미니스트들 중 남성혐오자가 남성 비하 목적으로 사용하는 경우의 제스처와 동일하므로 상황 판단 후 사용하는 것이 현명할 듯.

크다 Big

양쪽 팔을 양옆으로 한껏 벌려서 무언가 아주 큰 것을 암시하는 듯한 동작을 한다.

수중에서 다이빙 중 Big(크다)라는 표현을 할 수 있는 경우는 셀 수 없이 많을 것이다.

안 돼. 하지마 Don't

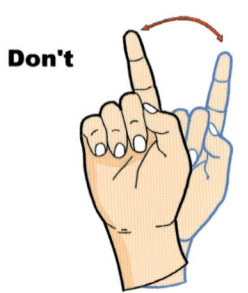

주먹 쥔 상태에서 집게손가락을 편 채 반복적으로 양옆으로 흔든다.

Don't Signal은 특히 금지된 행동을 한 다이버를 향하여 쓴다. 또는 금지된 행동을 뜻하는 신호를 먼저 보여준 후 이 신호를 뒤이어 쓰기도 한다. 또는 그 반대 순서로도 할 수 있다.

하강 Descend *

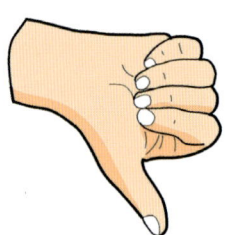

주먹을 쥔 상태에서 엄지를 펴서 아래쪽을 향한다.

고대 로마 시절 검투장에서 네로 황제가 이긴 검투사를 향하여 쓰던 신호와 그 모양은 같으나 의미는 다르다.
입수 후 하강하려고 할 때, 또는 진행 중에도 더 "내려가자"라는 의미로 쓰이기도 하고, "하강할 준비가 되어 있냐"고 물을 때도 쓰인다. 그럴 때 준비가 되어 있다면 같은 하강 신호로 반응한다.

일정 수심까지 하강 Descend to a certain depth

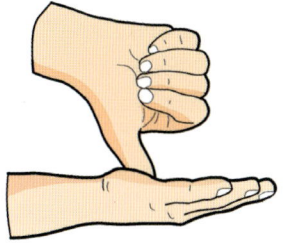

한쪽 손바닥을 위로 향한 상태에서 반듯하게 펴고 다른 손으로 하강 신호 모양을 하되 엄지손가락이 다른 손 손바닥까지 내려가게 한다.

리더 또는 버디가 입수 전 정한 수심, 또는 그룹이 정해 놓은 수심까지 하강한다는 신호.

조금만 하강 Descend a little

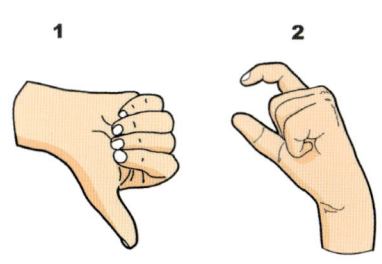

1단계 하강 신호.
2단계 Little(적다) 신호.

리더가 있는 그룹의 다이빙 중 리더가 일행에게 조금만 더 하강하여 다이빙하고자 할 때에 이 신호를 쓸 수 있겠다.
또는 3분간 안전정지 중 5미터보다 더 높은 위치에 있는 다이버에게 버디가 조금 더 내려오라고 할 때도 쓸 수 있겠고…

상승 Ascend *

하강 신호와 반대 모양.

일상생활에서는 "최고다. 대박이다."라는 의미로 자주 쓰이지만, 다이빙에서는 하강 후 볼 일 후 상승 할 때 쓴다.
"Question-Response" 형태로 자주 쓰인다.
즉, 버디에게 "상승할 준비가 되어 있나?"라고 물었을 때에 같은 신호로 대답할 수 있다. 그러나 준비가 안 되어 있을 때에는 그에 상응하는 다른 신호로 반응할 수 있다.

일정 수심까지 상승 Ascend to a certain depth

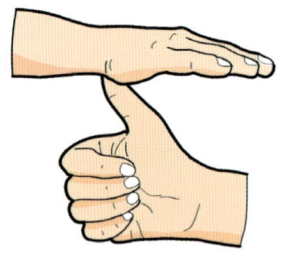

한쪽 손바닥을 아래로 향한 채 반듯하게 펴고 다른 손 엄지 손가락이 닿을 때까지 올린다.

정해 놓은 일정 수심까지 "상승하자"라는 의미의 신호.

조금만 상승 Ascend a little

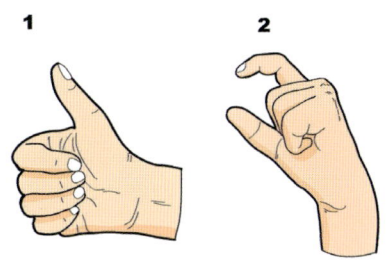

1단계 상승 신호.
2단계 Little(적다)신호.

조금만 하강의 경우와 마찬가지로 쓸 수 있겠다.

Ascend a little

이리로 와요 Come Here *

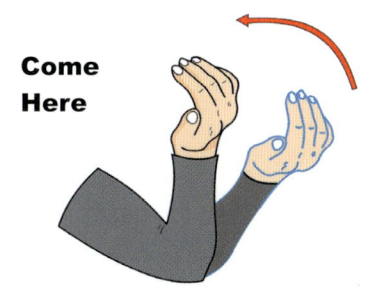

손바닥은 자신을 향한 채 버디를 향해 팔을 폈다가 굽힌다.
그 동작을 반복하기도 한다.

버디에게 자신 쪽으로 오라고 하는 신호. 서양인들은 일상생활 중에도 똑같은 의미로 이 제스처를 쓴다. 우리나라에서는 개나 고양이를 오라고 할 때 이 제스처를 사용하지만 사람에게는 그 반대 방향, 즉 손바닥을 아래로 향하고 손목을 앞뒤로 움직여 오라고 부른다.

이 수심에서 머문다 Stay at This Depth *

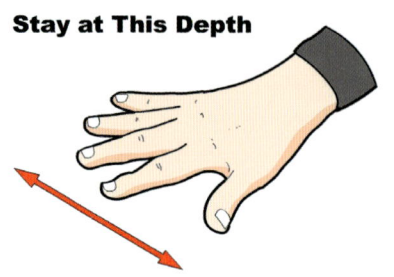

손바닥을 아래로 향한 채 손가락을 다 펴고 수평으로 천천히 몇 번 왕복한다.

해양실습 중인 그룹이나 리더가 인솔하는 특수한 다이빙 경우에 일정 수심까지 하강했을 때 리더가 다른 다이버들에게 이 수심에서 머물 테니까 더 깊이 내려가지 말라는 신호다.

어떤 쪽이야? Which Way? *

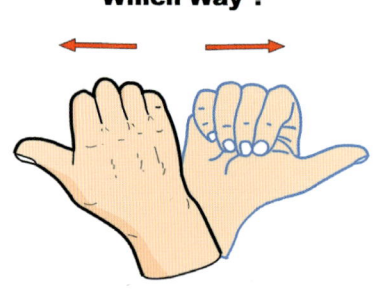

주먹을 쥔 상태에서 엄지를 곧바로 펴서 180도로 번갈아 가리키며 왕복한다.

수중에서 진행하다가 어느 쪽으로 가야 할지 묻는 신호.

이쪽이다 This Way *

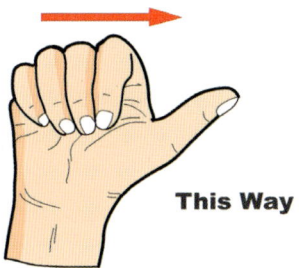

주먹을 쥔 상태에서 엄지손가락을 곧바로 펴서 손목관절을 이용하여 목적하는 방향을 가리킨다.

많은 다이버들이 버디에게 그들이 가야 하는 목적 방향을 가리킬 때 사용하는 신호다.

어떤 다이버들은 바로 아래의 CMAS의 "This Way" 신호를 선호하기도 한다.

이 쪽이다 This Way(CMAS) *

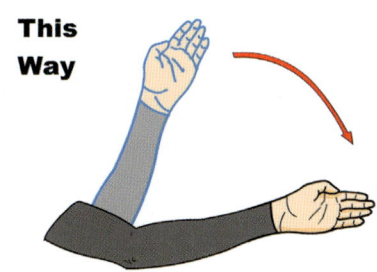

손바닥을 납작하게 그리고 손가락도 다 붙여 펴서 팔꿈치를 위로 구부렸다가 일정 방향을 향하여 가리킨다.

CMAS 협회 Diver들은 이 신호를 "This Way"로 사용한다.

위로, 넘어서 가자 Dive Over(Above) *

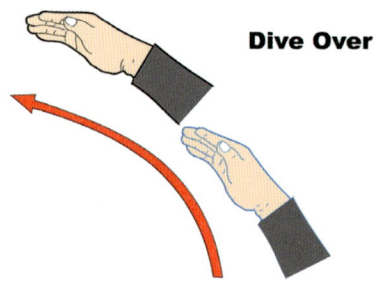

손가락은 곧게 펴서 모아 손바닥을 아래로 향한 채 천천히 위쪽과 앞쪽으로 곡선을 그리며 움직인다.

수중에서 진행 중 부닥치는 장애물을 위로 넘어서 가자는 신호로 사용한다.

아래, 밑으로 가자 Dive Under(Below) *

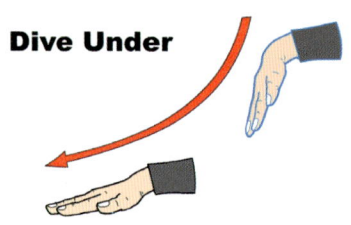

손가락은 곧게 펴서 모아 손바닥을 아래로 향한 채 천천히 아래쪽, 앞쪽으로 곡선을 그리며 움직인다.

암벽 같은 수중 장애물이 나타났을 때, 예를 들면, 암벽 밑으로 틈새가 있고 그리로 통과하면 장애물을 넘어가거나 돌아가는 것보다 훨씬 좋다고 판단될 때 "밑으로 가자" 라고 할 수 있을 것이다.

되돌아 가자 Turn Around *

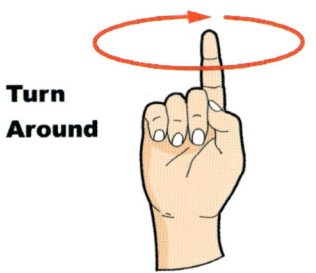

한 손을 주먹 쥔 상태에서 집게손가락만을 뻗어 위로 향한 채 원을 그리듯 돌린다.

수중에서 진행하다가 어떤 곳이나 어느 시점에서 그들이 왔던 곳으로 되돌아 헤엄쳐 가자는 신호로 자주 사용한다.

예를 들면, 그들이 타고 와서 입수했던 배의 위치로 다시 돌아가자는 의미로도 쓰인다.

진정해. 천천히 가 Relax(Slow Down) *

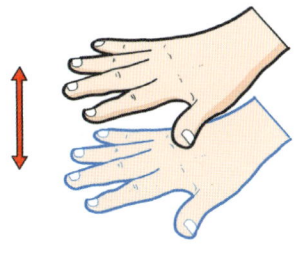

손바닥은 아래로 향하고 손가락을 다 편 채로 천천히 위, 아래로 반복하여 움직인다.

이 신호는 신경과민이거나 기진맥진한 다이버를 진정시키기 위하여 쓰거나 너무 앞서 가는 다이버에게 천천히 헤엄치라는 신호로도 쓰인다.

손을 잡아 Hold Hands *

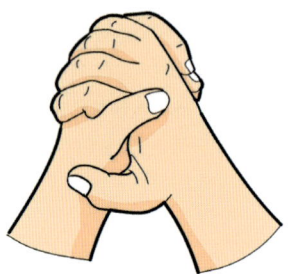

두 손을 깍지 끼듯 맞잡는다.

Scuba Diving 초심자가 수중에서 불안해하거나 신경이 예민해지는 경우가 있는데 이럴 때 버디에게 손을 잡아주라고 하는 신호. 버디가 손을 잡아주는 것만으로도 불안해하던 다이버에게 도움이 많이 된다고…

좀 더 세심하게 전달하고 싶을 때는 74p 버디 수신호를 먼저 한 후에 이 신호를 하면 된다.

좀 더 빨리, 서둘러 Faster(Hurry Up) *

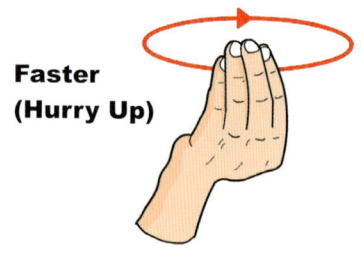

손바닥을 위로 향한 채 손가락을 함께 모아 손끝으로 원을 그리며 반복적으로 돌린다.

레크리에이션으로 하는 Scuba Diving은 느긋하게, Relax하며 하는 것이라야 하겠지만 때로는 빨리 해야 되는 상황도 있다.

이럴 때 이 신호는 "Hurry Up 서둘러"라는 뜻으로 쓰인다.

예를 들면, 다음 출수지점으로 배가 이미 가 있고 다른 팀도 한참 앞서 갔는데, 일행의 진행 속도가 너무 느리거나 하면 리더가 이 신호를 쓰기도 한다.

앞서고, 따라 가세요 Lead-Follow *

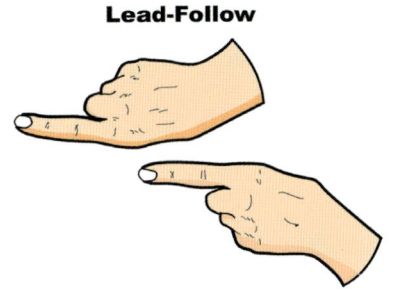

한손으로 Lead할 다이버를 가리키고 다른 손으로는 따라갈 다이버를 가리킨 다음, Lead할 다이버를 가리킨 손 바로 뒤에 따라갈 다이버를 가리킨 손을 붙인 후, 두 손으로 그들이 가야 할 방향을 제시하는 신호.

두 사람 이상의 많은 다이버가 함께 수중에서 일정 루트를 따라 진행할 때 어떤 다이버이건 간에 한 사람이 그 팀을 리드해야 한다. 그러나 그 때 수중 Navigation 경험이 가장 많은 다이버가 꼭 해야 될 필요는 없다.

좀 더 가까이 Closer

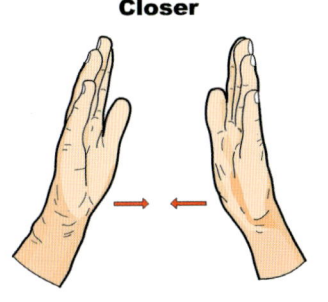

양쪽 손을 쫙 펴서 마주 보게 한 후 서로 가까이 가게끔 움직인다.

다이버들이 서로 너무 떨어져 있을 때 리더가 가까이 모이게 할 목적으로 사용한다. 버디끼리도 사용할 수 있다.

생각해, 기억하삼 Remember(Think) *

주먹 쥔 손에서 검지를 곧게 펴 이마에 대었다가 손가락 끝을 튕기듯이 위로 올린다.

다이빙 강사들이 간혹 이 신호를 사용하는데, 강습 시 이 사항은 반드시 기억하라고 강조하는 경우라든지, 입수 전 브리핑에서 기억하라고 하였던 것이 무엇이었냐고 물을 때도 사용한다.

잊어버렸어요 I forgot

한쪽 손을 이마 위에 갖다 댄다.

강사나 리더 또는 버디가 기억하라고 했던 사항을 물어보았을 때 생각이 나지 않으면 이 신호로 대답할 수 있겠다.

배, 보트 Boat *

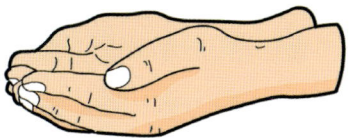

손바닥을 위로 향한 채 두 손을 모아 사발 모양으로 만든다.

이 신호는 29p "Turn Around"와 함께 짝을 이루어 쓸 수 있는 신호다.
즉, "이제 여기서 돌려 배로 돌아가자"라는 의미로 같이 붙여 쓸 수 있다.
간혹 36p "Ceiling"이라는 신호와 함께 쓸 때는 상승 시 바로 위에 "Boat가 있다"라는 뜻으로도 사용된다.

난파선 Wreck

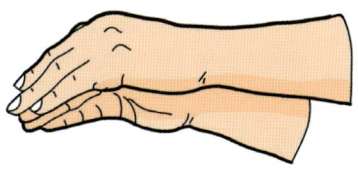

손바닥을 아래로 향한 채 두 손을 모아 사발 모양으로 만든다.

난파선을 의미하는 신호.
레크리에이션으로 하는 Open Water Diver는 Special Course의 트레이닝을 받기 전에는 난파선이나 동굴 같은, 즉 Overhead Environment(머리 위에 무언가 있는 환경)에서 다이빙을 해서는 절대로 안 된다.

봐라 Look *

주먹을 쥔 상태에서 집게손가락과 가운데 손가락이 약간 벌어지게 펴서 자신의 두 눈을 가리킨다.

이 신호 뒤에는 어떤 특정한 곳이나 물체를 보라는 신호가 따라붙는 경우가 많다.

내가 혹은 나를 I or Me *

한쪽 손을 주먹 쥔 상태에서 집게손가락을 펴서 자신의 가슴을 가리킨다. 가슴이 아니라 얼굴을 가리킬 수도 있다.

이 신호 뒤에는 Action을 나타내는 한 가지 혹은 몇 가지 신호를 뒤따라 보여준다.
수중 실습 시에는 강사가 자신이 하는 행동을 보라고 한 후 따라 하게 할 목적으로 위의 "Look" 신호를 먼저 한 뒤에 이 신호를 붙여 사용하는 경우도 있다.

저리로 상승 Ascend, Exit This Way

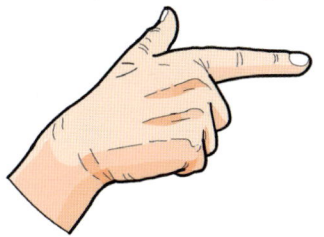

주먹 쥔 상태에서 검지와 엄지를 쭉 편 뒤 검지가 출구를 향하도록 가리킨다.

이 Gesture는 24p "Ascend"와 43p "There"를 합친 신호라고 할 수 있다. Wreck Diving(난파선 다이빙)에서 사용한다.

안전정지 Safety Stop

한 손은 손바닥이 아래로 향하도록 납작하게 펴서 수평으로 한 후 다른 손으로는 손가락 3개를 펴서 그 바로 밑에 세운다.

세계 각국 거의 모든 다이빙 협회에서 이 안전정지를 권하고 있다.
무감압 다이빙에서 상승, 출수 전 수심 5미터에서 3분간 안전정지를 실시한다. 안전정지는 감압병을 예방하기 위한 최소한의 조치이다.

천장 혹은 감압시점 도래 Ceiling

한 손을 납작한 모양으로 손바닥이 아래로 향하게 머리 바로 위에 얹은 후 앞, 뒤로 쓸어내는 시늉을 한다.

이 신호는 위쪽에 배 밑창이나 동굴의 천장 같은 딱딱한 장애물이 있다는 뜻으로 사용한다.

때로는 Decompression Obligation (의무적인 감압)을 해야 하는 경우가 곧 닥치고 있다는 의미로도 쓰이고 있다.

휴식 중, 피곤해서 Rest / Tired

양쪽 손바닥과 손가락을 편 상태에서 팔을 서로 교차하여 가슴에 댄다.

Problem Section에서 "위험(Danger)"이나 "춥다 2(Cold 2)"와 혼동하지 말 것. 그 둘은 주먹을 쥔 상태다.

병적인 것은 아니고 단지 피곤하여서 또는 그냥 쉬고 싶을 때 쓸 수 있는 신호다.

집어 올려 Pick up

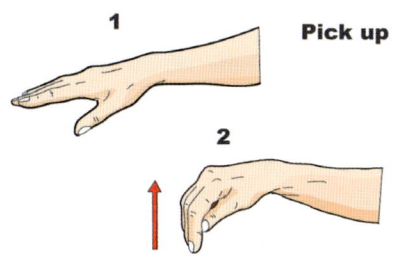

손가락을 아래쪽을 향하여 잠시 폈다가 모으면서 위로 잡아 올리는 시늉을 한다.

수중에서 무언가를 집어 올리려고 할 때 사용하는 신호다.

떨어트려 Drop

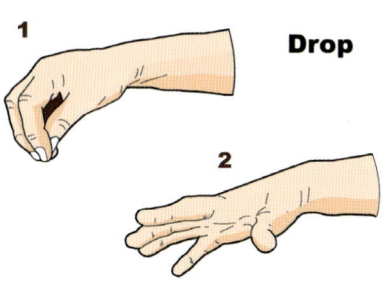

손바닥을 아래로 향한 상태에서 손가락을 모았다가 손을 활짝 편다.

수중에서 무언가 버려야 할 것을 버디가 들고 있을 때 쓸 수 있는 신호다. 또는 무슨 작업을 하고 있는 경우, 진행 상황에 따라 무엇을 집었다 놓았다 할 때 사용할 수도 있겠다.

나를 건져 줘요 Pick Me Up

한 손을 주먹을 쥔 채 머리 위로 팔을 들어 올린다.

상승 후 수면에서 자력으로 배까지 헤엄쳐 갈 수 없는 경우, 배에 있는 팀에게 도움이 필요하다는 것을 알리는 신호. 이 신호가 "나를 건져 주세요"라는 뜻이기는 하지만 Emergency Signal(위급 상황신호)은 아니기 때문에 배 위의 팀이 응급구조해 줄 것을 기대할 수는 없다. 배가 이동 가능한 경우에는 이 신호 안 해도 차례가 되면 다 건져주기는 한다.

글자로 써 줘 Write It Down

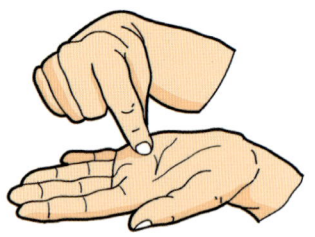

손바닥을 위로 향하게 손가락을 다 붙여 납작하게 편 후 다른 손으로는 검지손가락과 엄지손가락을 붙여서 밑의 손바닥 위에 닿게 한 후 납작한 손바닥 위에 무언가 글씨를 쓰는 시늉을 한다.

모든 다이빙 수신호를 동원하여도 도저히 의사소통이 되지 않을 때 수중 Writing Board(메모판)에 써보자고 권하는 신호로 사용한다.

시야가 좋다, 나쁘다 Visibility, Good or Bad

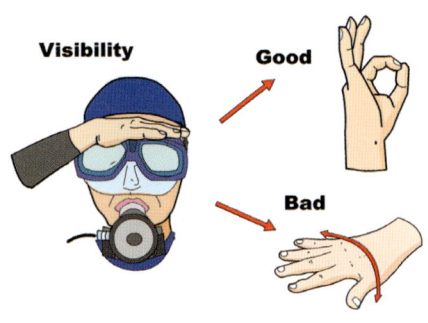

마스크 위에 손을 수평으로 올려놓거나 또는 마스크 앞을 손바닥으로 왔다갔다 한 다음 시야가 좋을 때는 OK 신호를 뒤이어 하고 시야가 나쁠 때는 Problem 신호를 한다.

스쿠버 다이빙에서 수중 활동은 시야의 좋고 나쁨에 대단한 영향을 받는다. 시야는 날씨의 맑고 흐림보다는 파도의 높낮이에 더 많은 영향을 받는다. 수심이 얕을수록 더 그렇다. 침전물이 해저에 많을수록 더욱 그렇다. 먼저 입수한 팀의 분탕질 후에도 그렇다.

어두워지고 있다 It's getting dark

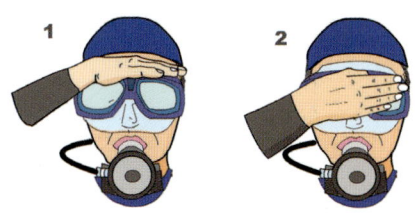

위의 시야 신호로 시작하여 그 손으로 천천히 마스크를 가린다.

어두워지고 있다고 하면 해가 지는 시간대이며 야간 다이빙 준비를 하지 않고 입수했다면 더 어두워지기 전에 출수해야 한다.

다이빙 끝난 후 책 찾아봐요 Lookup in book after dive

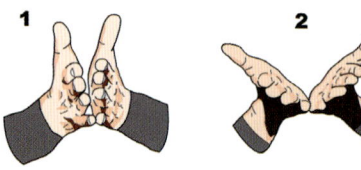

양쪽 손을 서로 맞붙게 대고 있다가 마치 책을 천천히 펼치는 듯한 동작을 한다.

다이빙 중에 궁금한 것이 많은 다이버는 끊임없이 버디나 가이드에게 질문할 수 있다. 그럴 때 피하는 방법으로 이런 신호를 사용할 수 있고, 또 정말 모르는 것은 나중에 같이 찾아 볼 수도 있다.

미안합니다 I am sorry

양쪽 손을 몸 가까이 손바닥이 상대를 향하도록 가지런히 유지한 채 잠시 상대에게 목례를 한다.

수중에서 자기도 모르게 우연히 타인에게 해를 끼치게 되는 경우가 있다. 예를 들면, 내 핀킥이 상대의 마스크를 쳐서 마스크가 비틀어지거나 얼굴에 상처를 입히는 수도 있기에 항상 조심은 해야 하나 일단 그런 일이 있는 경우 아무런 반응이 없으면 대단히 불쾌하니 일단 이렇게 인사를 해야 한다.

들어봐요 Listen

손을 구부려 귀 뒤에 갖다 댄다.

수중에서는 소리 전달이 공기 중보다 4배나 빠르게 전달된다고 한다. 그렇기 때문에 소리가 어떤 방향에서 나는지 수중에서는 오히려 판단하기가 더 어렵다.
또한 수면보다 위의 공기 중에서 나는 소리, 즉 보트 위에서 나는 소리는 수표면 아래로 뚫고 내려오기가 쉽지 않아 수중에서는 잘 들리지 않는다.
무슨 소리를 들어보자고 해야 할 경우 이런 신호를 사용할 수 있다.

수면(水面)을 체크해 Check Surface

두 주먹을 맞대고 그리로 무언가 보는 시늉을 하다가 바깥 쪽 손을 앞으로 뻗는다.

수중에서 다이빙하는 중에도 수면 바깥 상황이 어떤지 꼭 확인해야 할 경우가 있다. 이럴 때 누군가에게 이런 신호를 하여 알아볼 수 있겠다.

멈춰, 그만둬, 중지 Hold On

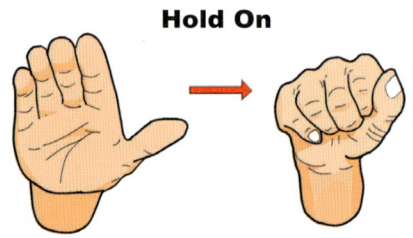

손바닥과 손가락을 곧게 펼친 상태로 잠시 있다가 곧 주먹을 쥐어 보인다.

어떤 상황이건 일단 그 진행을 중지시켜야 할 때 이 신호를 쓸 수 있다.

집으로 가자 (Let's go) Home

두 손 손가락을 곧게 펴서 마주 보게 하면서 양손, 손가락 끝이 닿게 하여 마치 집의 지붕처럼 보이게 한다.

다이빙을 끝내게 하고 싶을 때 쓸 수 있는 신호다.

길 찾기 (Which) Compass Heading? Navigate

한 손의 손가락을 모으고 손바닥을 위로 향하게 한 후 다른 손을 역시 같은 모양이지만 수직으로 세워 올려놓은 다음 양쪽 손을 눈 높이로 올린다.

가고자 하는 방향을 확실히 하기 위하여 Compass(나침반)의 방위각이 몇 도인가를 묻는 신호다.

이 신호 뒤에는 필연적으로 다른 다이버가 몇 도인가를 답하는 수신호가 이어진다.

여기, 이 사람, 거기 This(There)

주먹 쥔 상태에서 집게손가락을 앞으로 뻗는다.

그 손가락으로 흥미로운 사물이나 사람을 가리킨다.

다이버들은 버디가 무언가에 집중하도록 이 신호를 사용한다.

이 신호는 사용 시 35p "Ascend, Exit This Way"와 혼동하지 않도록 해야 한다.

SMB 올려요 (Surface Marker Buoy) Up

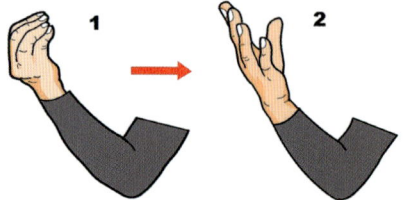

한쪽 손의 손가락 끝을 모두 함께 모았다가 동시에 손가락을 펼쳐 마치 SMB가 부풀어 오르는 듯한 동작을 연상케 한다.

배의 통행량이 많은 수역에서 다이빙할 때 또는 다이빙이 끝나고 상승하려 할 때 수중에 다이버가 있다는 표시인 SMB를 올리는데, 리더는 누군가에게 이런 신호로 지시할 수 있겠다.

집중, 주의가 필요해 Attention(Flashlight Signals)

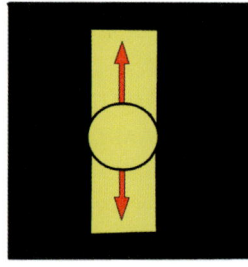

야간 다이빙에서 상대에게 무언가 보여준다거나 전하고 싶은 것이 있을 때, 주의를 환기시키고 싶을 때 라이트를 바닥에 비춰 아래, 위로 선을 긋듯이 천천히 움직이는 동작을 한다.

무언가 보여주고 싶을 때는 이 신호에 이어 라이트 빔을 이동시켜 보여주고 싶은 물체를 비춘다. 또는 이 신호에 이어 라이트로 자신의 손을 비추어 전하고자 하는 자기 신호를 상대가 볼 수 있도록 한다.

다이빙 끝이다 End of Dive

양쪽 주먹을 쥔 후 두 팔을 몸 앞에서 교차시킨다.

말 그대로 다이빙이 끝날 때 리더나 가이드가 또는 버디 중 하나가 이 신호를 할 것이다.

스쿠버 다이빙 수신호의 모든 것

제 ② 장

PROBLEM SIGNALS
문제 있을 때의 신호

문제 있어요 Problem *

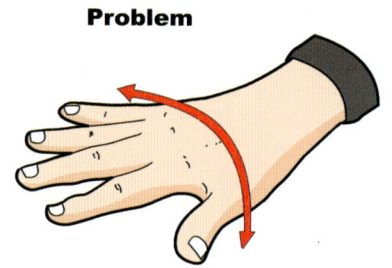

손바닥을 아래로 하고 손가락을 다 편 채 손을 좌우로 연속하여 돌린다.

"뭔가 이상해요.(Something is wrong.)" 라는 뜻이다.

이 신호는 대체적으로 문제의 원인이 되는 현상을 암시하는 다른 신호가 뒤따르게 된다.

예를 들어, 이 신호 뒤에 64p "Water in Mask"의 신호를 이어 표현한다면 "문제가 있는데, 내 마스크에 물이 찼어요." 라는 뜻이 되겠다.

야간 구조 요청 또는 응급상황 Problem, Help or Emergency (Light Signal)

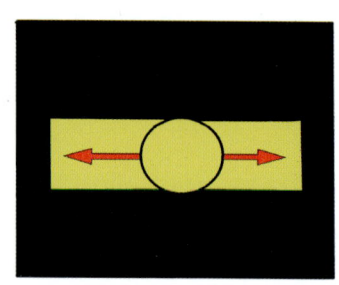

라이트 빛을 좌, 우로 빠르게 연속적으로 이동시킨다.

야간 다이빙에서 문제가 발생했거나 구조요청을 할 때, 특히 응급상황일 때 이 신호를 사용한다.

* Recreational Scuba Training Council에서 표준신호로 인정된 수신호

살려줘요! Help!(Surface Signal) *

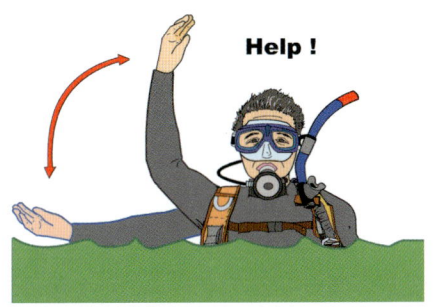

팔 하나를 머리 위로 올렸다가 90도 각도로 아래 수면을 내리치는 동작을 반복한다.

이 신호는 응급상황 신호다. 다이버가 이 신호로 도움을 요청했을 때 배 위의 구조팀은 즉각 조치를 시작해야 한다.
이 신호와 동시에 다이버가 압축공기 사이렌(Compressed Air Siren)이나 호각으로 소리를 낸다거나 가능하다면 소리를 내지르는 것도 구조팀이 알아차리는 데 도움이 될 것이다.

내 짝을 놓쳤어요 Lost My Buddy

손을 납작하게 펴고 손바닥은 안쪽으로 향하게 한 후 양쪽 팔을 들어 올린다.

다이버가 만약 자기 버디를 놓쳤다면 수면으로 올라가기 전에 리더에게 이 신호로 보고한 후 지체없이 버디를 찾아야 한다. 혹시 버디를 찾는 데 실패한 후 수면으로 올라오게 되었을 때 배의 동료에게 이 신호를 보낸다. 잘 쓰이지는 않지만 알아두는 것이 좋다.

공기가 모자란다 Low on Air *

가슴에서 몇 센티 정도 간격을 두고 한 손으로 주먹을 쥔 후 자기 가슴에 대었다 뗐다 하는 연속 동작을 한다.

공기가 모자라게 되는 건 누구에게나 닥칠 수 있는 자연적인 현상이다. 공기가 남보다 너무 빨리 떨어지는 것이 문제지 누구나 시간이 지나면 공기가 떨어지게 마련이다.

이 신호를 하는 경우는 잔압이 거의 50bar 밖에 남지 않은 상태를 의미하므로 상대 버디가 이 신호를 할 때에는 함께 공기잔압 확인 후 상승 준비, 곧 이어 상승하여 안전정지 후 다이빙을 끝낸다. 바다 상황이 안 좋을 때는 잔압 70bar에서도 상승하여야 한다.

공기가 떨어졌다 Out of Air *

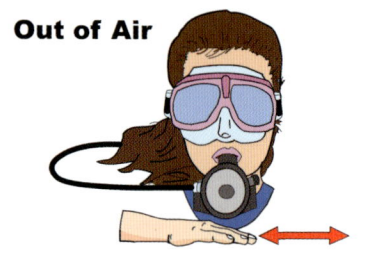

손바닥, 손가락을 납작하게 펴고 아래로 향한 후 목 바로 아래 위치에서 수평으로 손을 빠르게 양옆으로 왔다 갔다를 반복한다.

다이버의 공기가 떨어졌다는 신호이다. 이 경우 대부분의 스쿠버 다이빙 협회가 응급 상승 절차를 밟아야 할 것을 권하고 있다.

수심 20m에서 공기가 떨어져 버디의 옥토퍼스 예비호흡기를 물고 상승하게 되었을 때 안전정지를 하면서 자신의 호흡기로 바꿔 물어보라. 공기통에서 사라졌던 공기가 다시 나온다.

공기 좀 줘요 Give Me Air *

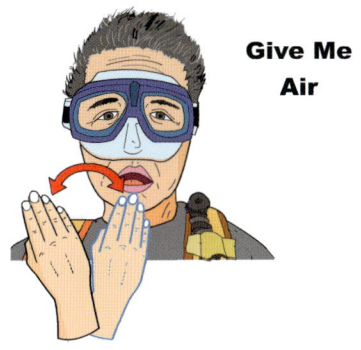

일단 레귤레이터를 입에서 뗀다. 한 손의 손바닥을 자신 쪽을 향한 상태로 손가락을 자신의 입에 대었다 떼었다를 반복한다.

이 신호는 다이버가 공기를 달라는 뜻이다. 이 신호를 본 버디는 즉시 자신의 예비용호흡기(옥토퍼스)를 제공하여야 한다. 버디가 옥토퍼스가 없을 때는 레귤레이터 하나로 짝호흡을 해야 하는데, 이것은 평소 많은 실습이 필요하므로 버디는 반드시 옥토퍼스(예비용호흡기)를 착용할 것을 권한다.

위험해요 Visible Danger *

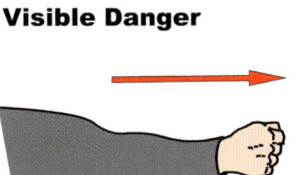

주먹을 쥔 후 위험요소가 되는 방향을 향하여 팔을 내뻗는다.

이 신호를 눈에 보이는 위험, 예를 들면 아주 공격적인 해양생물을 발견하였을 때 버디에게 주의할 것을 요한다는 의미로 사용한다.

심리적 위험 Danger *

양손의 주먹을 쥔 후 자기 가슴에 양 팔뚝을 교차하여 갖다 댄다.

이 신호는 꼭 눈에 보이는 위험요소가 없더라도 쓰는 경우가 있다. 예를 들면, 심리적으로 강한 조류에 조난 당할 것 같은 불안감, 특정 해양생물에 대한 공포심, 야간 다이빙 때 어둠에 대한 막연한 공포를 느낄 때 등 개인적인 것이므로 매우 다양하다. 이 신호 뒤에 위험요소에 해당하는 시그널이 뒤따르기도 한다.

괜찮아졌어요 Safe

Danger 신호의 양쪽 주먹을 쥔 상태에서 그림과 같이 양쪽 팔뚝을 세워 밖으로 이동시킨다.

이 신호는 위험을 느끼는 심리상태가 지나갔다는 의미로 쓰인다.

이퀄라이징 안돼 Can't equalize my ears *

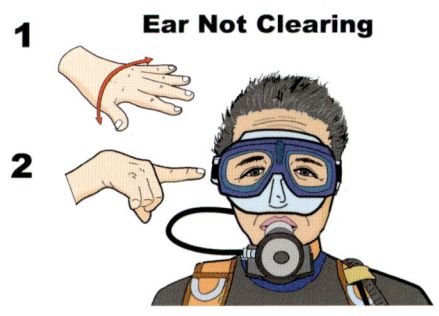

일차적으로 Problem 신호를 한 후 집게 손가락을 뻗어 문제가 된 귀를 가리킨다.

하강 시에 이퀄라이징이 잘 안 될 때에는 하강을 멈추고 약간 상승하면서 이퀄라이징을 재시도해 본다. 그러나 여러 번 시도를 해보았어도 해결되지 않을 때 그 다이버는 다이빙을 끝내야 한다. 이퀄라이징을 가장 잘 할 수 있는 방법은 하강 시작 직전 수면에서 일단 한 번 먼저 해 본 후에 하강하는 것이다.

귀문제가... Ears Not Clearing(CMAS)

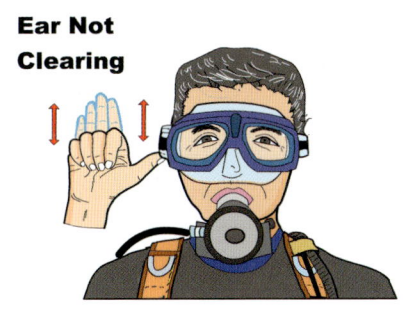

손바닥을 앞을 향하고 주먹 쥔 상태에서 엄지를 곧게 펴서 문제가 있는 귀를 가리킨다. 그런 다음 나머지 네 손가락을 폈다가 접었다를 반복한다.

CMAS 다이빙 협회에서는 이 신호를 귀에 문제가 있을 경우 사용한다.

춥다 1 Cold 1 *

가슴 앞에서 양팔을 교차하여 반대편 팔을 잡고 위아래로 문지른다. 또는 양팔을 잡고 실제로 떠는 모습을 보여도 된다.

수중에서는 공기 중보다 열 전도가 25배나 된다. 체온이 너무 많이 떨어지는 것은 여러 가지 위험 요소를 내포하고 있다. 저체온증 상태에서 다이버는 집중력, 상대에 대한 배려, 운동신경 기능 등이 감소하기 때문이다. 어떤 다이버는 손의 감각이 마비되면서 인플레이터 조절하는 기능이 떨어지기도 한다.

춥다 2 Cold 2

가슴 앞에서 양팔을 교차하여 주먹을 쥔 상태에서 오들오들 떠는 모습을 한다.

수중에서 춥다는 표현을 이렇게 하는 단체도 있다.
수온에 비하여 너무 얇은 수트를 입은 것이 원인의 대부분이다. 수심이 얕은 곳으로 올라가면 해결되는 수도 있다. 추운 상태를 이겨보겠다고 무리하다가 병원신세를 진 다이버도 있다는 것을 생각하고 자신의 상태를 솔직하게 표현하는 것도 좋을 듯...

덥다 Hot

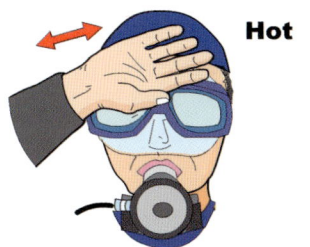

한쪽 손을 이마에 얹고 마치 땀을 닦아내는 듯한 동작을 한다.

너무 더운데다가 운동량이 많으면 수중에서도 땀을 많이 흘리게 된다. 많은 땀을 흘리면서 수분 보충이 안 되면 탈수현상이 일어나고, 이는 혈액순환에 이상을 불러올 수 있으니까 주의해야 한다.

아파요 Sick

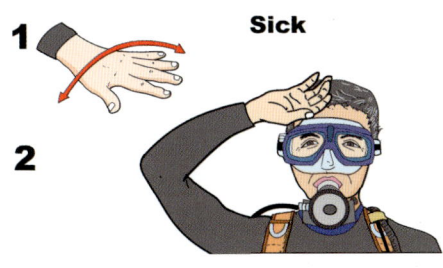

일차적으로 Problem 신호를 한다. 그리고 손가락을 편 채 손등을 이마에 갖다 댄다.

다이버가 수중에서 왜 아프게 되느냐 하는 데는 너무나 많은 원인이 존재한다. 대부분 그런 경우 다이버는 다이빙을 중지하게 된다.

다이빙 중 토할 것 같은 느낌이 들 경우, 필요하다면 레귤레이터에다 대고 토할 수 있다는 것 정도는 알고 있는 게 좋다.

물렸어요 Bitten

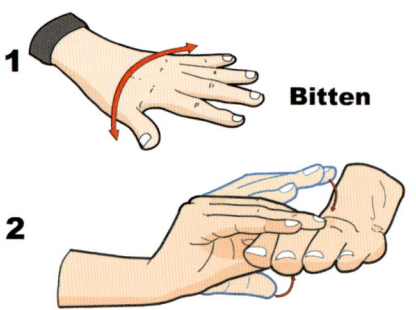

일차적으로 Problem 신호, 한 손은 손바닥을 아래쪽으로 향하고 손가락도 펴서 납작하게 한 후 다른 손으로 엄지와 다른 네 손가락이 알파벳 V자 모양이 되도록 하여 아래로 향한 납작한 손을 무엇이 무는 시늉으로 잡는다.

상처를 입은 다이버는 다이빙을 끝내고 의학적인 상담을 받아야 한다.
모든 상처는 크든 작든 상관없이 세균감염이 생기지 않는지 세심하게 관찰하여야 한다.

찔렸어요 Stung

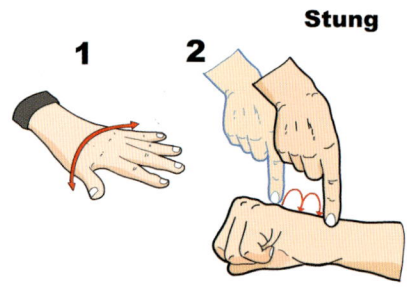

일차적으로 Problem 신호를 한다. 그런 후 한 손은 주먹을 쥐고 수평으로 하고, 다른 손은 집게손가락을 뻗어 주먹을 쥔 팔뚝 위에 몇 군데 이동하며 가리킨다.

독성이 있는 해양생물에 찔렸을 때 그 생물이 무엇이었는지 확인한 후 다이빙을 끝내고 의학적인 상담을 할 필요가 있다. 혹시 해파리에게 찔렸을 때는 최초 응급조치로 찔린 피부에 식초나 뜨거운 물을 부으면 도움이 된다고 한다.

독이 있어요 Venomous

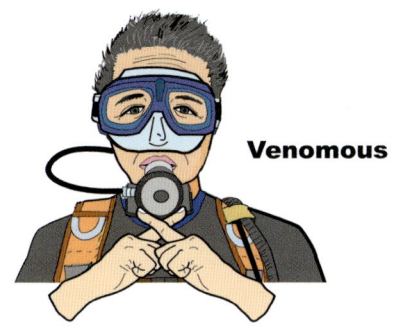

양쪽 주먹을 쥔 상태에서 집게손가락을 뻗어 레귤레이터 밑에서 교차시킨다. 이는 마치 해골과 그 밑의 뼈다귀를 암시하는 듯하다.

이 신호는 독성이 있는 해양생물을 버디에게 주의하라고 알릴 때 쓴다. 때로는 위험요소 가능성에 따라서 51p "Visible Danger" 신호와 함께 쓸 수 있다. 독성이 있는 해양생물일수록 다이버와 조우하였을 때 잘 도망가지 않는다. 믿는 구석이 있어서일까... 도망가지 않는다고 갖고 놀다가 해를 입을 수 있다. 예를들면, Lionfish, Sea Snake, Stonefish 등등.

출혈. 피 나요 Bleeding

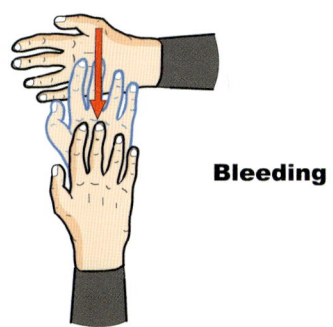

가슴 앞에 한 손을 손가락은 펴고 손바닥은 안쪽으로 수평으로 놓는다. 다른 손도 손가락은 펴고 손바닥은 안쪽으로 수직으로 교차하여 먼저 손의 손등 위에 얹어 놓았다가 아래로 천천히 내린다.

다이빙 중 출혈하는 상황이 드물어서 잘 쓰이지는 않으나 알아두면 좋다. 이 신호 뒤에는 반드시 피가 나는 사람이거나 피 나는 부위를 뜻하는 다른 신호가 뒤따르게 된다. 출혈이 심한 다이버는 다이빙을 끝내야 한다. 모든 상처는 잊지 말고 세균감염 징후 여부를 살펴야 한다.

구조 시작 또는 구조 요청 Rescue

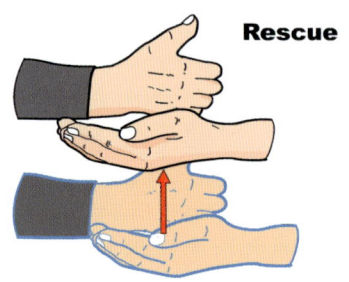

한 손으로 Ascend(상승 신호)를 하고 수평으로 한 다른 손으로 주먹 쥔 손을 천천히 위로 밀어 올리는 동작을 한다.

아주 드물지만 다이버가 자력으로 수면까지 올라갈 수 없는 경우가 있다. 갑자기 나타난 Panic 상태, 의식혼탁, 무기력증, 하지마비, 팔, 다리의 부상 등... 구조 행위가 필요하여 요청할 때 또는 구조팀 다이버들이 구조작업을 시작할 때 이 신호를 사용한다.

나 데꼬 걸렸어, 감압정지 (I am in) Deco, Decompression Stop

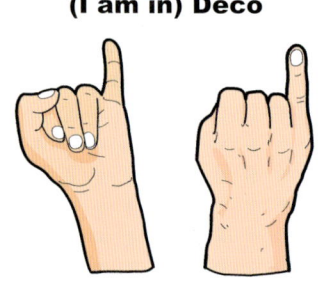

주먹을 쥔 상태에서 새끼손가락만 곧게 편다. 왼편 그림은 내가 보는 모습, 오른편 그림은 상대가 보는 모습이다.

레크리에이션으로 하는 스쿠버 다이빙에서는 감압 다이빙 플랜은 짜지 않는 것이 원칙이다. 그러나 이 신호를 알고 있다는 것은 매우 중요하다. 왜냐면 비감압 한계수심이나 잠수시간을 지켰다 하더라도 예기치 않게 돌발적인 상황이 발생할 수 있기 때문이다. 이 신호 뒤에는 필연적으로 감압시간이 몇 분인가 하는 한 두 개 다른 신호가 뒤따르게 된다.

불안하다, 두렵다 Fear

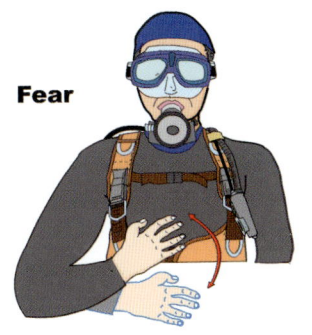

손가락을 펴고 손바닥은 자신을 향한 상태에서 위, 아래로 반복적으로 흔든다.

불안한 다이버는 정상인에 비하여 공기 소모량도 증가한다.

다이빙 중 자신의 한계가 어디까지인지 알아야 하고, 또 자신의 불안상태에 대하여 버디에게 알리는 것을 망설이지 않아야 한다. 그리고 자신이 불편한 행위는 하지 말아야 한다.

스트레스 / 공황상태 Stress / Panic

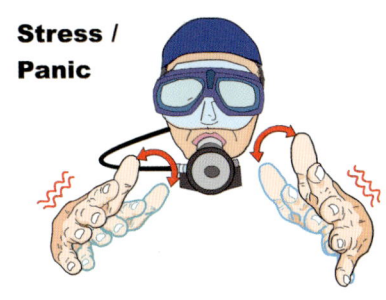

양쪽 손을 벌려 앞으로 내민 상태에서 부들부들 떠는 동작을 한다.

불안한 상태가 증폭되어 공황상태로까지 발전하면 스쿠버 다이빙을 즐겁게 한다는 기본 목표에도 어긋난다.

버디나 팀 리더, 또는 가이드에게 자신의 상태를 솔직히 표현하여 다이빙 도중에라도 도움을 받을 수 있도록 하는 것이 좋다.

들러붙었다, 사이에 끼어 갇혔다 Stuck

주먹 쥔 상태에서 엄지손가락을 검지와 중지 사이로 내민다.

이 신호는 몸에 무언가 들러붙었다든지 또는 뭐 사이에 다이버가 끼였다, 갇혔다는 의미로도 쓰인다. 이 신호 뒤에는 들러붙은 물체 또는 끼인 사람을 뜻하는 다른 신호가 이어진다.

이 신호는 한국의 철없는 남성들이 상대방에 대한 욕으로 사용하는 손짓과 동일하므로 때를 가려서 사용하여야 한다.

말려들었어 Entanglement

주먹 쥔 상태에서 검지와 중지를 편다. 그런 다음 중지를 검지 위에 얹어 크로스 상태를 만든 후 그림과 같이 옆으로 누운 8자 모양을 반복하여 그린다.

드물지만 다이버가 오래된 폐그물이나 낚싯줄에 걸려 말려드는 경우가 있다. 왜냐면 그런 것들이 수중에서는 잘 보이지 않기 때문이다. 간혹 켈프나 미역 같은 해초에 걸려 빠지지 않는 경우도 있다. 다이버들은 그럴 가능성이 있는 해역에서 다이빙하는 경우 그런 장애물을 자를 수 있는 도구를 항상 지니고 있어야 한다.

기진맥진, 지쳤다 Exhaustion *

손바닥은 자신을 향한 상태로 가슴에 대었다가 떼었다가 하는 동작을 반복한다.

기진맥진하게 된 다이버는 근육경련이나 다른 심각한 문제가 뒤따를 수 있기 때문에 지쳐 있는 다이버는 그가 다시 편안한 상태가 될 때까지 쉬어야 하고, 또 올바른 스쿠버 호흡법에 집중하도록 해야 한다.

또한 약간 낮은 수심으로 상승하여 레귤레이터가 받는 저항을 낮추는 방법도 권할 수 있다.

현기증, 어지러워 Dizziness *

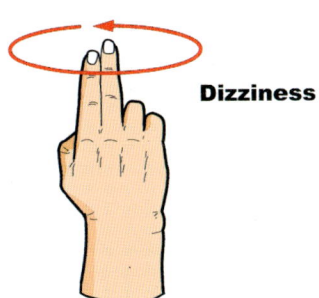

주먹 쥔 상태에서 검지와 중지를 펴서 원모양을 그린다.

수중에서 어지러움증이 생긴 다이버는 즉시 다이빙을 중단하고 의학적인 상담을 받아야 한다.

기압변화에 의한 현기증은 몸의 중심 잡기가 어려워지고, 방향감각상실, 나아가서는 패닉(Panic)상태로 이어질 수 있다. 이 신호는 29p "Turn Around"와 비슷하여 혼동하지 않아야 한다.

질소마취 Nitrogen Narcosis

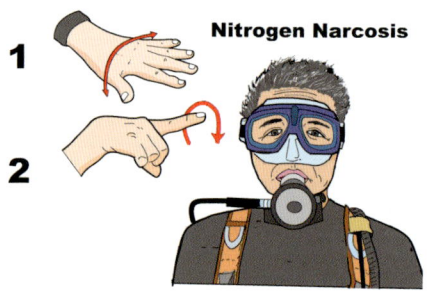

대부분의 다이버가 수심 30미터 이상 깊이 하강했을 때 질소마취 현상을 경험한다고 하지만, 각자 신체조건에 따라 그 정도가 다르게 나타난다고 한다. 질소마취는 매 10미터 하강 시마다 마치 마티니 술 한 잔씩을 더 마시는 황홀한 기분이 된다고 하는 사람도 있다. 질소마취는 가끔 방향감각상실, 결정장애, 과대망상으로 인한 만용, 충동조절장애가 나타난다. 증상이 나타날 때 약간 상승하면 바로 사라지기도 한다니까 그런 경력이 있는 다이버는 버디가 밀착 관찰할 필요가 있다.

1단계   Problem 신호
2단계   검지를 뻗어 자신의 머리를 가리킨 다음 원을 그리는 동작을 한다.

나 감압병 걸린 거 같아 I think I am bend

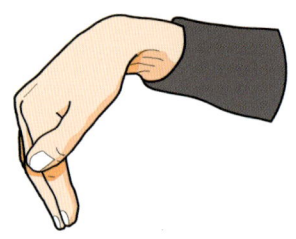

손목과 손가락 관절을 구부린다.
영어에서 bend는 구부리다라는 뜻이기 때문에 이런 신호가 나온 듯...

Bends는 감압병의 별칭이다. 잠수병, 또는 케이슨병이라고도 부른다. 반복되는 장시간 다이빙으로 체 내 질소 포화량이 많은 상태에서 급격히 수면으로 상승하는 경우 체내 압력변화를 초래, 액화상태로 있던 질소가 기화되어 혈관 안에서 다량의 기포를 형성하면서 Bends에 걸리게 된다. 증상은 다양하다. 관절통, 두통, 어지럼증, 피부감각 이상 등의 가벼운 증상부터 의식상실, 하지마비 등이 있다. 증상이 심할 경우 감압챔버에서 치료를 할 수 있는 지역으로 재빨리 이동해야 한다.

공기가 많이 새요 Leak Big Bubbles

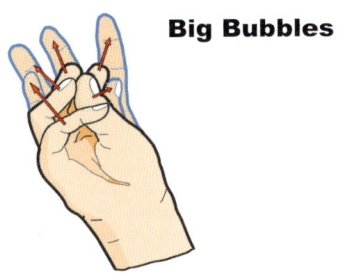

손바닥을 위로 하고 손가락을 반복하여 열었다 닫았다 한다.

이 신호는 장비에서 공기가 많이 새고 있다는 뜻이다.

버디 또는 자신의 장비에서 큰 공기 방울이 계속 솟아 나오고 있다면, 이 팀은 다이빙을 끝내고 장비 점검을 해야 한다.

공기가 조금 새요 Leak Tiny Bubbles

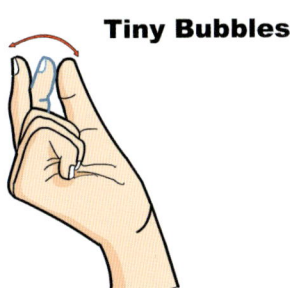

작은 공기 방울이 공기통과 장비 연결 부분에서 새어 나오고 있을 때 다이버는 다이빙을 계속할 수 있으나 공기 잔압계를 주의 깊게 자주 살펴보아야 하고, 다이빙이 끝난 후 그 장비는 점검받아야 한다. 혹시 장비의 호스 표면에서 공기가 샐 때에는 공기 방울이 아무리 작더라도 다이빙을 끝내어야 한다. 왜냐하면 호스가 예고 없이 아무 때고 터질 수도 있다는 것을 암시하기 때문이다. 드라이 슈트 다이빙 때 이 신호는 침수상태 정도를 표현하는 신호가 되기도 한다.

주먹 쥔 상태에서 검지와 엄지를 펴서 그 두 손가락을 붙였다 뗐다 하는 동작을 반복한다.

마스크에 물 들어와요 Water in Mask

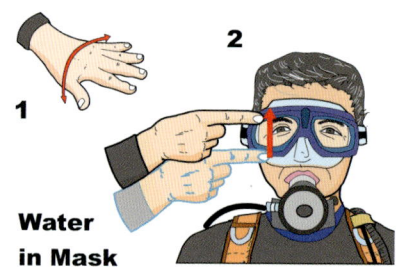

다이빙 중 마스크에 약간의 물이 새어 들어오는 것은 정상적인 현상이다. 그러나 마스크 스커트가 찢어져 순식간에 물이 차는 것은 큰 문제가 될 수 있다. 수중에서 마스크 위치를 조정하거나 머리카락을 빼주는 등의 조치로 물이 새어 들어오는 것이 해결되지 않을 때는 다이빙을 끝내어야 한다. 얼굴에 감정표현이 많을 수록, 즉 안면근육을 많이 움직일수록 물이 많이 들어온다. 평소 물빼기 연습을 자주 해야 한다.

일차적으로 Problem 신호를 한 후 검지를 펴서 마스크 창 유리 밑부분에서부터 위로 천천히 쓸어 올리는 동작을 한다.

마스크에 김이 서려요 Mask Foggy

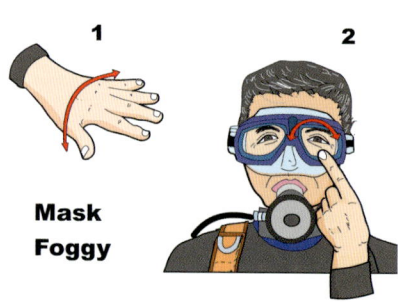

먼저 Problem 신호를 한 다음 검지를 펴서 마치 자동차 창의 윈도우 브러쉬가 움직이는 것처럼 마스크 유리를 좌우로 쓸어내는 동작을 한다.

스쿠버 다이빙에서의 호흡은 레귤레이터를 물고 있는 입으로만 하게 되어 있는데 자신도 모르게 코로 숨을 내쉬었을 경우 마스크에 김이 서리게 된다. 마스크 유리에 안개 끼는 것처럼 김이 서리면 다이버는 심적으로 산만해져서 중성부력 조절이 안 되거나 버디의 신호를 놓칠 수가 있다. 마스크 안으로 일부러 물을 넣었다가 물빼기를 해야 한다.

불량 시야 Poor Visibility or Silt Out

마치 눈을 가리는 것처럼 마스크 유리창에 손바닥을 갖다 댄다.

야간 다이빙 시 라이트가 불량하거나 오리발로 침전물을 건드리기 때문에 갑자기 수중 시야가 나빠질 수 있다.

이럴 경우 경험이 많지 않은 다이버는 방향감각 상실이 오거나 버디를 놓치게 된다. 수중사진이나 비디오를 찍는 다이버에게는 재수없는 시간이 된다.

근육 경련 Cramp

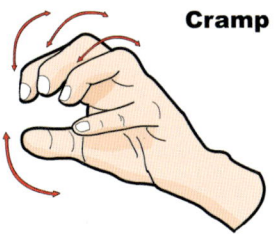

한 손의 손가락 끝을 모았다 풀었다 하면서 경련이 온 부위를 가리킨다.

수중에서 다이버가 근육경련으로 고통받게 되면 즉시 경련이 온 근육의 스트레칭을 해야 한다.

만약 종아리 근육에 경련이 오는 경우는 오리발 끝을 잡고 자신 쪽으로 잡아당기면서 다리를 쭉 펴는 것으로 풀리기도 한다. 근육경련이 바로 풀리지 않으면 상승하는 것이 좋다.

나 길 잃었어요 I am lost

이 신호는 사용할 경우가 거의 없을 것이다. 왜냐면 버디 팀을 이룬 그룹 중에 최소한 한 명만이라도 Navigation을 할 줄 안다면 문제가 될 수 없기 때문이다.
그럼에도 불구하고 정말 낙오되었을 때 다른 팀을 만나면 이 신호를 쓸 수 있겠다.

1단계   19p 'I Don't Know' 신호를 한 다음
2단계   43p 'Navigate' 신호를 한다.

웨이트가 너무 많다, 적다 About weight control

적정 웨이트를 차는 것은 스쿠버다이빙 중 Action에 많은 영향을 준다. 초심자 경우에는 웨이트를 많이 차는 경향이 있으나 다이빙 횟수가 증가할수록 웨이트를 차츰 줄여가게 된다.
Dry Suit Diving 때는 Wet Suit 때보다 웨이트를 더 많이 차게되는 경향이 있다. Suit나 내피 종류에 따라 웨이트 차이가 많이 난다.

1단계   양손으로 자신이 웨이트를 잡는다.
2단계   웨이트가 너무 많다고 할 때에는 양손을 벌려 보이고, 웨이트가 충분치 않다고 할 때는 손가락으로 작다는 신호를 보인다.

배고파요 Hungry

손으로 배를 문지른다.

'금강산도 식후경'이라는 속담이 있는데, 아무리 재미있는 일이라도 배가 불러야 흥이 난다는 뜻이다. 젊은이들이 특히 배가 고픈 것을 참지 못하는 경향이 있는 것 같다.

한 사람이 배고프다고 해서 다이빙 스케줄을 중간에 포기하지는 않겠으나 여러 사람이 이 표시를 하면 달라질 것이다.

목말라요 Thirsty

한 손을 레귤레이터 가까이 대고 물을 마시는 듯한 동작을 한다.

이 또한 배고픈 경우와 마찬가지일 것이다. 자신의 현재 상태를 표현하는 것은 자유이겠으나 단체행동 중일 경우에는 민폐를 끼치지 않는 범위 내에서 해야 될 듯. 그래서 다이빙 중간 쉬는 시간에 충분히 물을 마시자.

스쿠버 다이빙 수신호의 모든 것

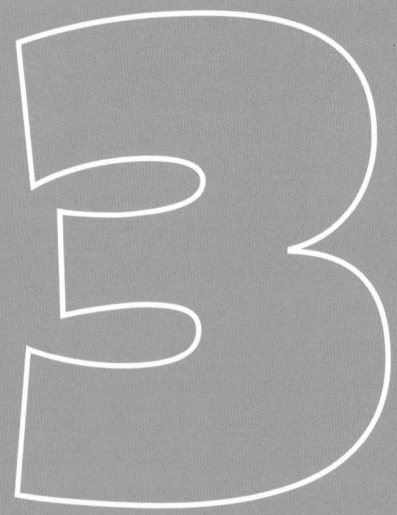

제 ③ 장

TRAINING SIGNALS

훈련에 관한 신호

집합 Gather

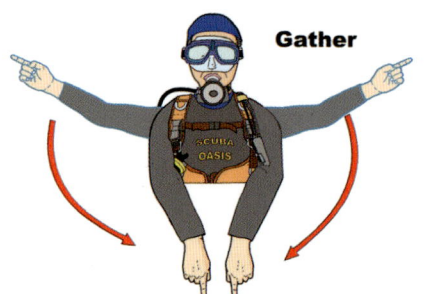

주먹 쥔 상태에서 검지를 뻗고 양팔을 한껏 옆으로 벌렸다가 자신의 바로 앞 지점을 가리킨다.

다이빙 강사가 수중 데몬스트레이션이나 실습 시작 전에 강습생들을 모으기 위하여 이 신호를 사용한다.

우리나라에서 강사들이 이 신호를 잘 안 쓴다고 하지만 알아두어서 나쁠 것은 없을 듯하다.

제가 담당입니다 I am in charge

주먹 쥔 상태에서 검지와 중지를 뻗은 다음 반대편 어깨에 두 손가락을 갖다 댄다.

강사나 혹은 가이드는 수중에 들어오기 전에 인사나 소개가 있었다 할지라도 일단 수중에 들어오면 자기가 이 강습, 또는 가이드를 맡은 담당이라는 것을 다시 확인시키기 위하여 이 신호를 사용한다.

참고 : 손가락 2개로 V자를 표시하면 영어 알파벳의 D를 의미하며 내가 Dive Master라는 것이고, 만약 경례를 한다면 영어 알파벳의 I를 의미하며 내가 Instructor라는 것이다.

무릎 꿇은 자세로 On Your Knees

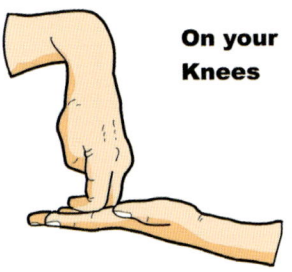

한 손은 손바닥이 위로 향하게 놓은 후 다른 손은 검지와 중지를 구부린 상태로 위로 향한 손바닥 위에 올려놓는다.

풀장이나 바다에서 수중 실습을 할 때에 강습생들이 강사의 데몬스트레이션을 가까이 관찰하고 따라하기 위해서는 바닥에 안정적인 자세로 앉아 있어야 한다.

숨 쉬기, 숨 쉬세요 Breathe

손바닥과 손가락을 펴 자신을 향한 상태에서 레귤레이터에 손가락을 천천히 대었다 뗐다 한다.

올바른 스쿠버 호흡법은 초심자가 습득해야 할 중요한 기술이다. 강사는 특별히 깊고 천천히 호흡하는 법을 데몬스트레이션 할 때 이 Signal을 사용한다.

51p "Give Me Air" 신호와 비슷하여 혼동할 수 있으나 확실히 다른 점은 입에서 레귤레이터를 떼지 않고 계속 물고 있다는 점과 손 동작이 아주 천천히 느리다는 점이다.

주목하세요 Attention

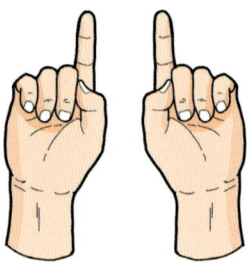

주먹 쥔 상태에서 양손 손바닥을 앞쪽을 향하게 하고 검지만 곧게 펴서 위쪽을 가리킨다.

다이빙 강사가 데몬스트레이션을 하면서 강습생들이 주목하도록 할 때 이 신호를 사용한다.

그러나 국내 강사들은 데몬스트레이션을 할 때 대부분이 한 손만 사용한다고 한다.

실습 시작 Exercise Begins

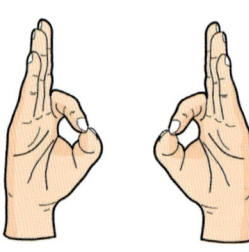

양 손으로 16p "OK" 신호를 한다.

강습생들을 향하여 데몬스트레이션이나 실습 시작을 알리려 할 때에 이 신호를 사용한다.

시작해요, 진행해요 Start / Go ahead

양쪽 팔을 겨드랑이에 붙이고 있다가 손바닥을 위로 하고 수평을 유지한 자세가 되도록 손바닥 위치를 재빨리 바꾼다.

강사가 데몬스트레이션했던 내용을 이제부터 강습생들이 시범을 보이는 실습을 시작하라고 할 때에 이 신호를 사용한다. 72p "Exercise Begins"이나 마찬가지 목적으로 사용하기도 한다.

실습 종료, 동작 그만 Exercise Ends or Abort Action

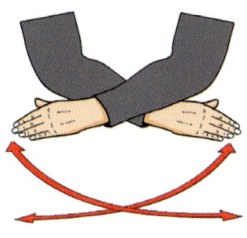

손바닥과 손가락을 아래로 향한 채 양쪽으로 손을 더 이상 교차시킬 수 없는 상태까지 손을 교차시키면서 이 동작을 반복한다.

이 신호는 데몬스트레이션이나 실습을 종료할 때 자주 쓴다.
그 외에 어떤 동작을 그만두게 할 때에도 이 신호를 쓴다.

다시, 반복하세요 Again(Repeat)

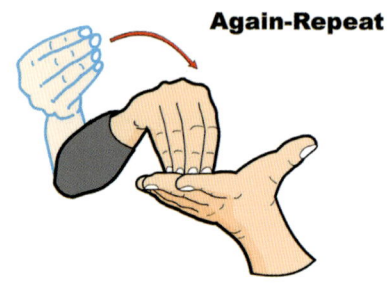

한쪽 손을 자신의 앞에 손바닥이 위로 향하게 고정한 후에 다른 손 손끝을 모두 모아서 위로 향한 손바닥 위를 터치한다.

강사는 때때로 실습 동작을 다시 하게 할 경우나 반복하게 할 때 이 신호를 쓴다.

버디, 짝 어디에? 짝 누구? Buddy

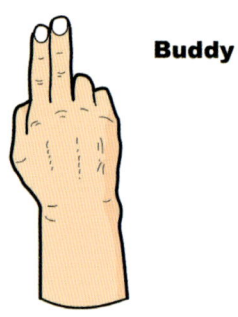

한 손을 주먹을 쥐고 손바닥은 자신을 향한 상태에서 검지와 중지를 곧게 펴서 붙이고 위쪽을 가리킨다.

이 신호는 특별히 다른 수신호와 겸해서 사용하게 된다.
예를 들면 19p "Question" 신호와 조합을 이룬다면 "당신 버디는 어디 있나? 혹은 당신 버디는 누구인가?"라는 의미가 될 것이다.

버디와 좀 더 가까이 해요 Get closer to your buddy

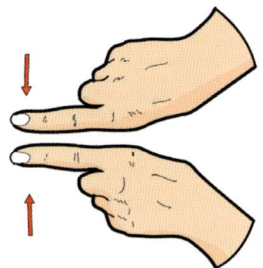

양쪽 손바닥을 아래로 향하고 주먹 쥔 상태에서 검지만 뻗어 편다. 그 다음 양손 검지가 약간 떨어진 상태로 서로 평행을 이루게 한 후 천천히 가까이 붙인다.

버디 시스템은 안전한 다이빙의 초석이라고 할 수 있다.
하지만 버디가 주의 깊게 서로 살피는 경우에만 의미가 있다.

서로 떨어지세요 Move Apart

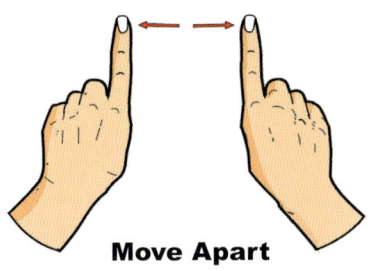

주먹 쥔 양쪽 손에서 집게손가락은 편 채 나란히 놓고 천천히 서로 떨어지도록 움직인다.

다이빙 강사가 수중에서 초심자 다이버들이 너무 가깝게 헤엄쳐서 서로 방해가 될 것 같을 때 떨어지게 할 목적으로 이 신호를 쓴다.

조금만 상승하셈 Ascend a little

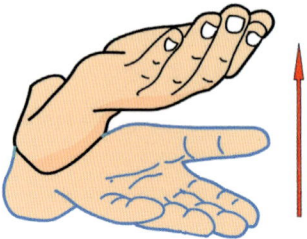

손바닥을 위로 하고 손가락을 다 편 상태에서 천천히 손을 위쪽으로 올린다.

훈련 시 필요에 의하여 다이버 위치를 바꾸고 싶거나 혹은 3분간 안전정지 중 수심 5미터보다 아래에 있는 다이버를 조금 올라오게 할 경우에도 가이드나 강사는 이 신호를 사용하여 강습생들이 약간 상승하도록 한다.

중성부력 유지하기 Hovering

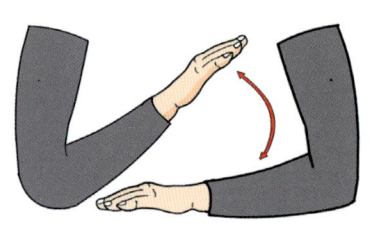

한 쪽 팔은 손바닥을 아래로 손가락은 곧게 편 채로 수평으로 놓고, 다른 손의 팔꿈치를 그림과 같이 반대쪽 손, 손 끝에 위치하게 한 후 팔뚝을 상하로 반복하여 움직인다.

중성부력을 유지하는 것은 초심자들이 반드시 익혀야 할 가장 중요한 기술이다. 이 중성부력을 유지할 수 있는 다이버는 숨을 들이쉴 때 상승하고 내쉴 때 하강한다는 것을 알게 된다.

헤엄치세요 Swim

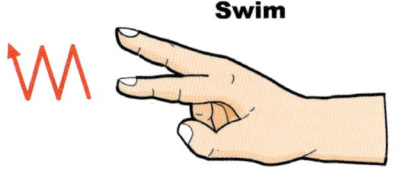

주먹 쥔 상태에서 검지와 중지를 곧게 편다. 손을 수평으로 움직이면서 편 두 손가락을 번갈아 올렸다가 내렸다를 반복한다.

다이빙 강사가 실습 중 수강 다이버들에게 계속하여 헤엄치라고 할 때 이 수신호를 사용한다.

다리를 뻗어요 Extend your legs

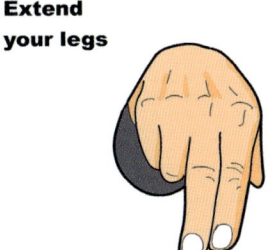

검지와 중지의 손가락 끝이 아래로 향하도록 두 손가락을 편다.

실습하는 다이버가 핀킥을 할 때 무릎을 구부린 모양으로 할 경우 교정시키기 위하여 이 신호를 사용한다.

다리 사이를 벌려요 Spread your legs

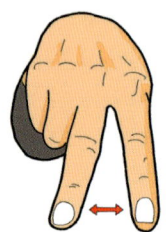

검지와 중지의 손가락 끝이 아래로 향하도록 두 손가락을 편 상태에서 두 손가락 사이를 벌린다.

실습 중인 다이버가 핀킥을 할 때 두 다리가 너무 겹칠 정도로 가까울 경우 다리 사이를 벌리라고 할 때, 또는 평영(Frog Kick)을 강습할 경우에도 강사가 이 신호를 쓴다.

이 쪽으로 몸을 기울여요 Lean to one side

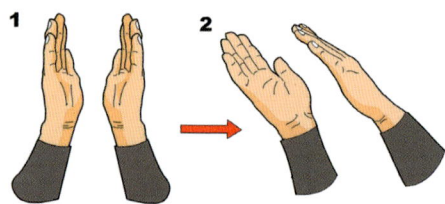

두 손바닥이 서로 마주 보게 한 상태에서 한쪽으로 기울어지게 두 손을 움직인다.

다이버가 유영 시 습관적으로 한쪽으로 몸이 기운 상태라든지 또는 간혹 허리에 두른 웨이트 벨트 위치가 좌우 균형을 이루지 못하기 때문에 몸이 한쪽으로 계속 기울어졌을 때 이를 교정시킬 목적으로 이 신호를 사용할 수 있다.

헤엄칠 때 손 쓰지 마세요 Don't swim with your hands

팔짱을 지르고 과장된 모습을 취한다.

초심자들일수록 유영 시 몸의 균형을 바로 잡지 못하여 한쪽으로 기울거나 또는 빨리 헤엄치기 위하여 손까지 같이 쓰는 경우가 있는데, 그런 때 강사는 이 신호를 사용한다. 스쿠버 다이버들의 헤엄치기는 오직 핀킥에만 의존하는 연습을 해야 양손을 다른 목적으로 사용할 수 있다.

입으로 공기방울을 내보내 봐요 Blow Bubbles

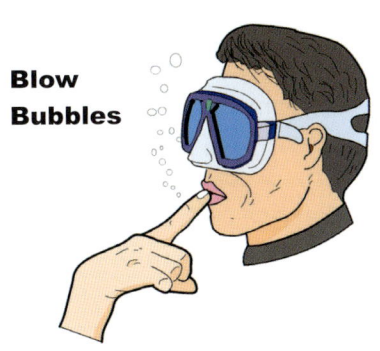

입에서 레귤레이터를 떼어낸 후 입으로 공기 방울을 조금씩 내보내면서 손가락으로 입을 가리킨다.

수중에서 강사가 실습 중 레귤레이터를 바꾸어 물어야 하는 경우, 예를 들면 버디와 짝호흡을 연습할 때에 이런 신호로 강습을 진행할 수 있다. 또는 공기방울이 상승할 때 공기의 부피가 증가하는 것을 보여줄 때에도 이 신호를 사용할 수 있다.

BC 공기 넣기 Inflate

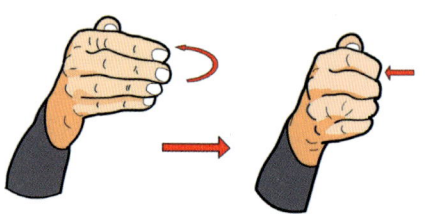

손 전체를 사용하여 공기흡입 버튼을 눌러 BC에 공기를 넣는 동작을 연출해 보인다.

다이버의 하강 속도가 계속 빠를 때, 혹은 BC에 공기를 넣어서 상대의 위치를 올라오게 할 경우, 강사는 이 신호를 사용하여 실시하도록 할 수 있다.

BC 공기 빼기 Deflate

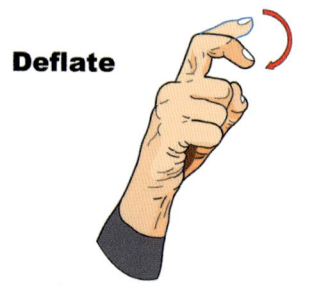

검지손가락으로 공기배출 버튼을 누르는 모습을 연출해 보인다.

다이버의 상승 속도가 계속 빠를 때, 또는 BC의 공기를 빼서 상대의 위치를 내려오게 할 경우, 강사는 이 신호를 사용하여 실시하도록 할 수 있다.

바닥에 닿지 않게 하삼 Don't touch the bottom

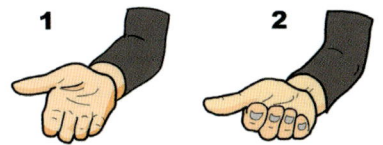

손바닥을 위로 향한 상태에서 반복적으로 손가락을 구부렸다 폈다 한다.

초심자들은 하강 시 상대적으로 BC 공기 조절을 잘 못하여 해저에 충돌할 정도로 너무 가깝게 내려가는 경향이 많은데, 그러면 오리발로 바닥에 쌓인 침전물을 건드려 수중 시야가 나빠지게 된다. 가이드나 강사는 하강 시 미리 이 신호를 사용하여 하강 속도를 조절하게 한다. 25p Come Here와 혼동하지 않도록 한다.

엎드려요 Lay down

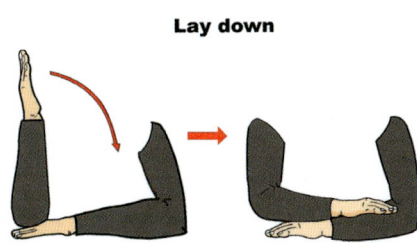

한쪽 팔을 수평으로 유지한 다른 팔의 손등 위에 수직으로 세워놓고 있다가 천천히 밑으로 내려 아래쪽 팔 위에 얹어 놓는다.

초심자들은 유영 시 유선형의 수평 자세가 아닌 상체를 일으켜 세워 헤엄치는 경우가 많은데, 이를 교정시킬 목적으로 또는 풀장 실습 시 다이버가 바닥에 완전히 엎드려 중성부력 연습을 하게 할 때에도 이 신호를 사용할 수 있다.

이퀄라이징하세요 Equalize

엄지와 검지를 코에 갖다 대고 반복적으로 누르는 시늉을 한다.

하강 시 귀 속 중이강 내의 공기 부피가 수축하므로 압력평형(Equalizing)이 되지 않으면 고막이 안쪽으로 밀리면서 통증이 점차 심해지기 때문에 이 문제가 해결되지 않을 경우 절대로 하강할 수가 없다. 강사는 초심자들에게 발살바 방법(Valsalva Maneuver)으로 미리 미리 Equalizing하도록 이 신호를 사용한다. 하강 전 수면에서 한번 Equalizing을 미리 하고 난 후 하강하면 하강할 때 Equalizing이 훨씬 쉬워진다.

자리를 바꿔 보세요 Change Place

양쪽 손의 검지 손가락으로 각각 상대 다이버를 가리킨 후 그 둘의 위치를 바꾸는 동작을 보인다.

여러 명을 동시에 수중 훈련시키는 강사가 다이버에게 시범을 보이게 하였을 경우, 시범이 끝난 후 다른 다이버와 역할을 바꾸어 하게 할 때 또는 두 다이버의 위치를 서로 바꿀 만한 이유가 있을 때 이 신호를 사용한다.

코로 불어내세요 Breath out through your nose

손가락으로 코를 가리킨 후 손가락을 밖으로 튕겨낸다.

마스크 압착으로 힘들어 하는 다이버에게 코로 호흡을 하여 마스크 내 압력평형을 하게 할 때 이 신호를 사용한다.

잘 했어요 / 하이 파이브 Well done / High Five

하이파이브할 때 동작이다.

강습생들이 잘 따를 때 강사는 이 신호로 칭찬할 수 있다.

앞쪽을 봐라 Look to the front

먼저 Look 수신호를 한 다음 한쪽 손을 마스크 위에 대었다가 앞쪽으로 이동시킨다.

전방에 무언가 물체나 생물 또는 특별한 지형이 있을 때 주의를 환기시킬 목적으로 이 신호를 사용한다.

위쪽을 봐라 Look up

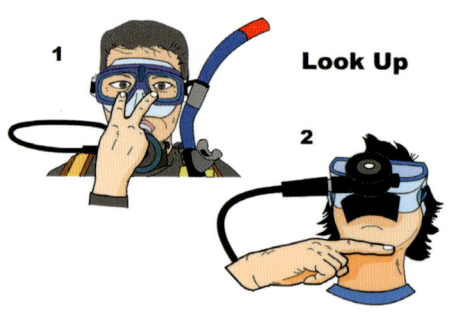

먼저 Look 신호를 한 다음 한쪽 손검지를 턱밑에 갖다 대고 올려 위쪽을 바라보게 한다.

위쪽이나 수면에 특별한 상황이 있을 때 이 신호를 사용한다.

스쿠버 다이빙 수신호의 모든 것

제 ④ 장

AIR PRESSURE AND NUMBER SIGNALS
공기압 및 숫자에 관한 신호

4-1

AIR PRESSURE SIGNALS
공기잔압에 관한 신호

공기 얼마 남았어요? How much air?

How much air?

이 신호는 Question-Response Signal이다.
"공기가 얼마나 남았어?"라는 질문에 대하여 버디의 대답은 그가 확인한 현재의 공기압을 표현하는 수신호가 된다. 간혹 어떤 다이버들은 공기잔압계를 가리키는 것으로 이 신호를 대신한다.

한손의 손바닥을 납작하게 펴서 바깥쪽을 향하게 한 후 다른 손의 검지와 중지를 붙여 곧게 편 상태로 납작한 손바닥에 갖다 댄다.

50 bar

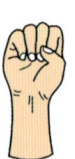

주먹을 한번 쥐어 보이는 것이 50bar를 의미한다.

60 bar

70bar demo

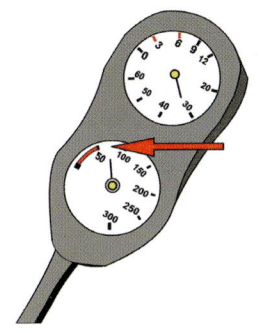

옆 그림과 같이 공기압 게이지 바늘이 70bar를 가리키고 있다면 손모양을 아래 그림처럼 주먹을 한번 쥐었다 폈다 한 다음 손가락 2개를 펴보이면 된다.

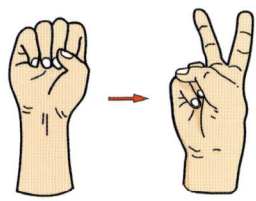

70-100bar demo

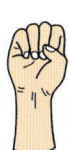 

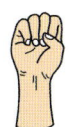 

70 bar
1   2

80 bar
1   2

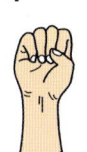 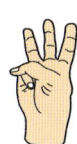

90 bar
1   2

100 bar
1   2

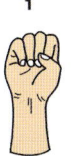 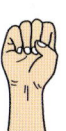

50bar를 의미하는 주먹을 연거푸 2번 쥐어보이면 100bar를 뜻한다.

110bar~140bar

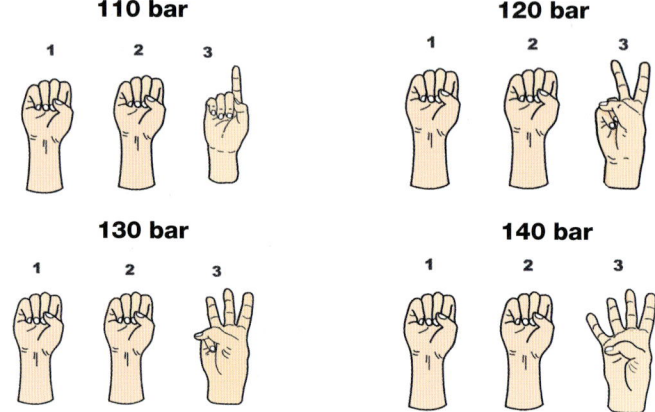

120bar demo

옆 그림과 같이 공기압 게이지 바늘이 120bar를 가리키고 있다면 손모양을 아래 그림처럼 연속으로 주먹을 2번 쥐었다 폈다 한 다음 손가락 2개를 펴보이면 된다.

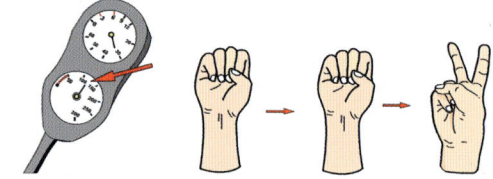

150bar~160bar

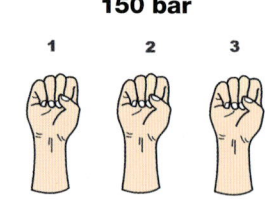

주먹 쥐었다 폈다 연속 3회면 150bar

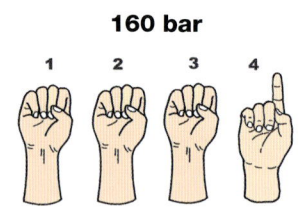

실제 다이빙에서 150bar 이상의 수신호를 사용할 경우가 별로 없지만 표시를 하면 위와 같다.

100bar, 150bar, 160bar

150bar를 표시하기 위하여 주먹을 3회 쥐었다 폈다하는 것이 번거롭기도 하고 또 착오를 일으킬 가능성도 있고 하여 외국 스쿠버 다이빙계에서는 100bar 표시를 아래 그림처럼 따로 채택한 곳이 있다. 따라서 150bar 또는 160bar는 주먹을 3회 쥐었다 폈다 대신 아래 중앙과 우측 손 그림과 같이 표시한다고 하는데, 두 손을 써야 하는 단점이 있다.

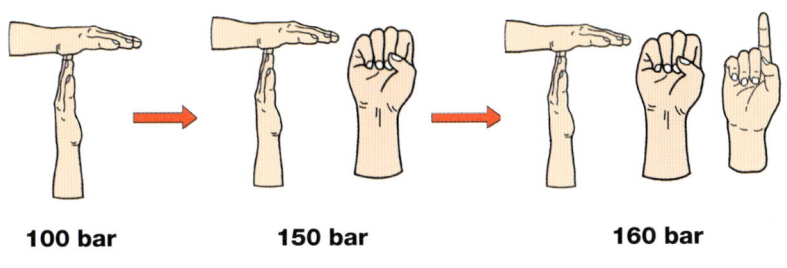

170bar~200bar

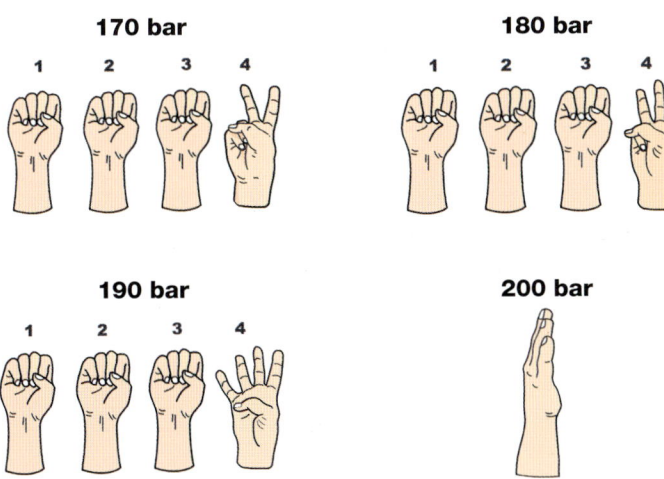

4-2
NUMBER SIGNALS
숫자에 관한 신호

숫자에 관한 신호

감압, 시간, 수심, 공기잔압, 나침판의 방위각 등, 이 모두가 숫자를 필요로 하는 사항이기 때문에 스쿠버 다이빙에서 숫자의 중요성은 두말할 필요 없이 중요한 항목이다.
한 손 수신호는 Wreck Diving이나 Cave Diving에서부터 시작되었으나 한쪽 손만으로 할 수 밖에 없을 경우에 유리하기 때문에 전반적으로 보급되었다.
공기잔압에 대한 수신호를 앞에서 예시한 대로 한다면 나머지 숫자에 대한 설명은 다음과 같다.

1부터 5까지는 상대에게 손바닥 쪽을 보이게 그리고 손가락은 위쪽을 향하게 하는 반면, 6부터 9까지는 상대에게 손등이 보이게 하되 손을 수평으로 하고 손가락은 측면을 향한다. 어떤 경우든 손가락은 곧게 펴야 한다. 0은 측면이 보이게 표시한다.
혹시 검은 장갑을 끼었을 때는 손의 배경이 어두우면 잘 보이지 않으니까 손의 위치를 검은 슈트 대신 밝은 배경 쪽으로 바꾸어 수신호를 하든지 라이트를 비추면서 해야 확실하게 표현할 수 있다.

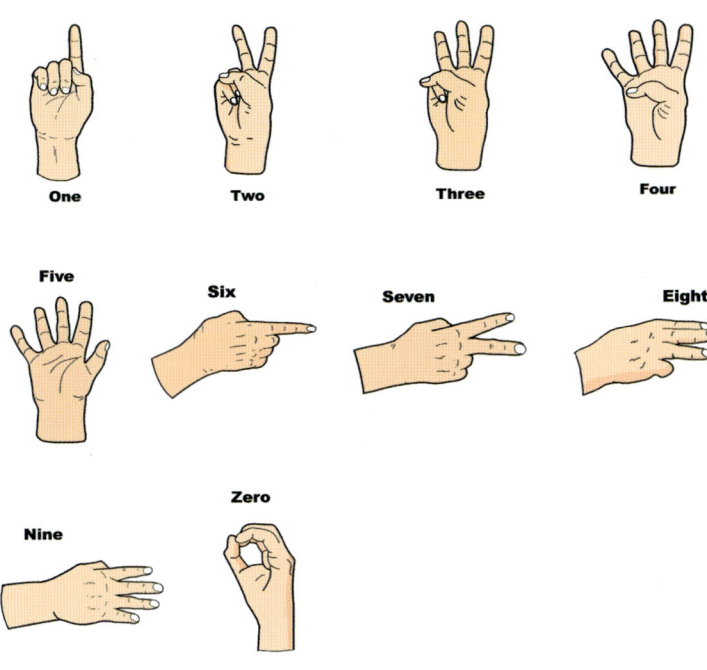

숫자 125, 70은 각각 아래와 같다.

125

70

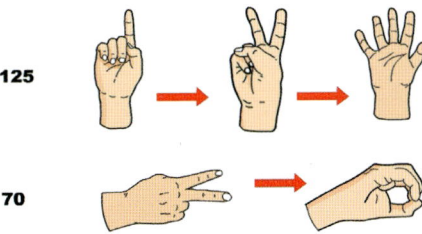

스쿠버 다이빙 수신호의 모든 것

제 ⑤ 장

UNDERWATER WILDLIFE SIGNALS
해양생물에 관한 신호

독침가오리
Stingray

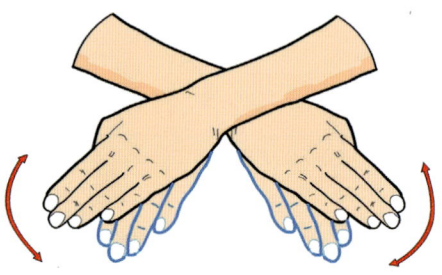

양쪽 팔이 손목 부위에서 교차하도록 얹어 놓은 후 양쪽 손을 동시에 천천히 상하로 움직이는 동작을 한다.

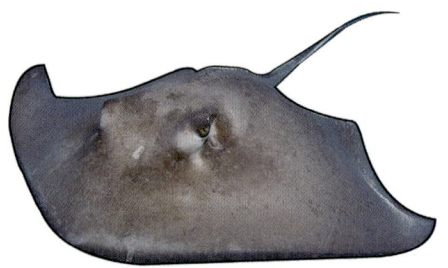

Stingray

꼬리 근처에 맹독성의 가시가 있는 Ray 그룹을 말한다. 이 독 가시의 길이는 35cm에 이르기도 하며 주로 자기방어에 사용한다. 이 독침에 쏘이면 염증과 통증이 생기고 근육경련이나 세균감염이 뒤따르기도 한다. 주요 장기에만 쏘이지 않으면 상처가 치명적으로 악화하지는 않는다. 대부분 연안 해저에서 발견되며 자신의 몸을 숨기기 좋은 모래바닥을 선호한다. 산호초 주위가 주된 먹잇감을 얻는 장소다.

푸른점꽁지가오리
Bluespotted Stingray

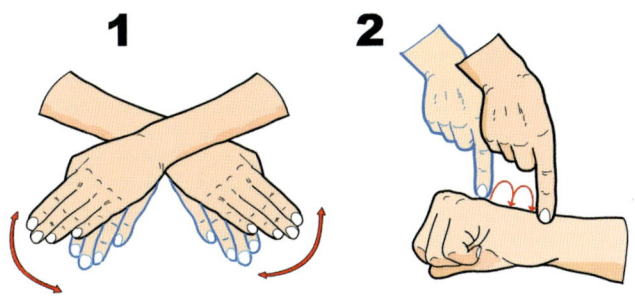

1단계   Stingray 수신호를 한다.

2단계   한쪽 손의 검지를 펴서 다른 쪽 손, 손등 위에 몇 개의 점을 찍는 듯한 동작을 한다.

Bluespotted Stingray

Olive Green 색 몸통에 파란 점들이 많고, 눈은 노란색이며 타원형 몸통 대각선이 50cm에 이른다. 꼬리 끝에는 하얀 표식이 있다. 꼬리의 2개 Spine(가시)은 독샘에 연결되어 있는데 여기에 쏘이는 경우 치명적인 상태가 될 수 있다. 동남아 해역에서 Diving 중 모랫바닥에 숨어 있는 것을 자주 발견할 수 있으며 공격적이지는 않으나 근접 시 주의가 필요하다.

전기가오리
Electric Ray

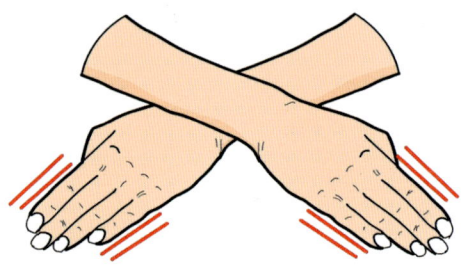

양쪽 손바닥과 손가락을 곧게 펴고 아래로 향한 채 팔뚝을 교차하여 얹은 후에 마치 전기 Shock를 받는 것처럼 바르르 떠는 동작을 한다.

Marbled Electric Ray

8~220 Volt의 전력을 방출할 수 있는 Ray Group을 총칭하는 어종이다. 전기는 먹잇감을 포획하는 데 쓰이고 있으나 때로는 자신을 방어하는 데도 쓰인다. 전형적인 Electric Ray는 넓적하고 거의 원형에 가까운 디스크 같은 몸통에 짧은 주둥이, 짧고 굵은 꼬리를 가졌다. Marbled Electric Ray에 접촉, 전기 감전을 받았을 경우, 심한 통증은 물론 사망할 수도 있다.

대왕쥐가오리
Manta Ray

양쪽 손을 한껏 옆으로 올렸다가 내리는 동작을 반복한다.

Manta Ray

삼각형의 날개 같은 가슴지느러미와 역시 기다란 머리 지느러미를 가진 몸집이 커다란 Eagle Ray의 일종이라 한다. 가장 큰 Manta의 경우 날개 양쪽 끝의 거리가 무려 9m나 된다고… Manta는 몸집에 비하여 뇌의 용적이 가장 큰 어류로 지능이 꽤 높다고 하며, 플랑크톤이 주식이라고 한다. 몸통에 붙은 기생충을 없애기 위하여 Cleaning Station에 자주 나타난다. 다른 Ray들과는 달리 독 가시가 없어서 Diver들에게 해를 끼침이 없는 거대한 신사 같은 어종이다. Yap섬에 가면 Manta를 실컷 볼 수 있다.

매가오리
Eagle Ray

1단계 Stingray 수신호를 한다.
2단계 주먹 쥔 상태에서 엄지와 검지를 꼬부려 편 후 코 앞에 갖다 댄다.

Eagle Ray

마름모꼴의 날렵한 몸통에 기다란 꼬리가 특징이다. Manta Ray도 이 어종에 속하는데 간혹 수면에서 뛰어오르는 것을 발견한다고 한다. Eagle Ray는 주로 개방수역에서 생활한다. 간혹 Schooling(떼)을 이루기도 한다. 큰 삼각형의 가슴지느러미로 헤엄칠 때의 모습은 우아하고 아름다운 자태라고 표현할 수 있겠다. 그러나 매우 수줍어하며 빨리 도망치기 때문에 접근이 어렵다. 사이판섬으로 가면 Eagle Ray를 자주 볼 수 있는 Point가 있다.

상어
Shark

손가락이나 손바닥을 곧게 펴서 이마 위쪽에 올려놓는다.

Shark

연골어류라 경골어류와 달리 부레가 없어 계속 움직이지 않으면 가라앉는다. 양쪽 눈 뒤쪽으로 5개의 아가미구멍이 특징이다. 17cm 정도의 Dwarf Shark이 있는가 하면 12m에 이르는 Whale Shark도 있다. Scuba Diving을 한다고 하면 대부분 상어가 무섭지 않냐 한다. 영화 '조스'에 나오는 백상아리와 그 외 한두 가지 제외한 대부분의 Shark는 인간이 도발하는 경우가 아니라면 공격하지 않고 오히려 도망간다. 'Shark's fin soup' 좋아하는 인간이 더 무섭다고.

암초상어
Reef Shark

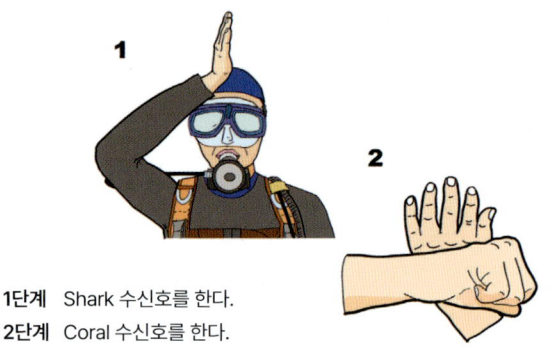

1단계 Shark 수신호를 한다.
2단계 Coral 수신호를 한다.

Blacktip Reef Shark

산호초가 발달한 연안에서 주로 서식하면서 먹이 포획 활동하는 상어들로 Blacktip Reef Shark, Whitetip Reef Shark, Grey Shark 등이 있다. 이들 대부분은 Scuba Diver를 보는 즉시 놀라서 도망간다. 그러나 아주 드물게 자극하지 않았는데도 공격했던 경우가 보고된 바 있는데, 특히 Grey Shark가 요주의 대상이다. Shark's Feeding Dive를 경험하려면 Yap섬을 추천할만 하다.

귀상어
Hammerhead Shark

양쪽 손을 주먹을 쥐고 그 두 주먹을 이마 위에 올려놓는다. Hammerhead Shark의 두 눈이 양옆으로 넓게 퍼진 머리 양쪽 끝에 달린 모습을 암시하는 수신호라고 할 수 있겠다.

Hammerhead Shark

납작하고 양옆으로 퍼져 있는 머리, 그리고 그 끝에 달린 두 눈이 특징인데, 다른 어종과 달리 두 눈이 앞을 향해 볼 수 있는 이점이 있다고… 머리 모양이 햄머와 비슷해서 그런 이름이 붙었다고 한다. 종류에 따라 몸길이가 0.9m~6m. Scalloped Hammerhead Shark가 인간을 공격했다는 보고가 있다. 가기 힘든 갈라파고스섬이나 요나구니섬이 아니라 팔라우 정도 가서도 어복 있으면 볼 수 있다.

표범상어
Leopard Shark

한쪽 손가락, 손바닥을 곧게 펴서 이마 위에 올려놓은 후 다른 쪽 손의 검지로 곧게 편 손가락과 손바닥에 몇 개 점을 아래로 향해 찍는 동작을 한다.

Leopard Shark

회색 몸통에 수많은 검은 반점의 일정 Pattern과 다른 상어들에 비하여 입이 작고 멋지게 생긴 꼬리가 특징이다. 성체가 된 암컷 평균 몸길이가 2.3m이고 최대 3.5m까지 자란다고 하고, 수컷은 그보다 조금 작다. 대부분 해저 모래 위에서 낮잠 자다가 발견되는데 낮에는 좀 굼뜨나 밤에 활발한 포식활동을 한다고... 얕은 수심에서부터 40m 깊이 수심까지가 활동범위라고 한다.

황소상어
Bull Shark

1단계 Shark신호를 한다.

2단계 양쪽 손을 주먹 쥐고 그 두 주먹을 머리 양쪽 위에 올려놓는다.

Bull Shark

탄탄한 몸통에 등쪽은 짙은 회색이고 배쪽은 색이 연하며 코는 짧고 둥글다. 몸길이는 평균 3.4m, 몸무게는 315Kg이다. Bull Shark는 모든 상어 중 Bite Force(입으로 물었을 때의 악력)이 가장 높다고 한다. 인간에게 매우 위험스러운 상어로 되어 있다. 열대와 아열대 지방 해안에서 발생한 상어 공격으로 사망한 케이스 중 Bull Shark에 의한 것이 가장 많다고 한다.

백상아리
White Shark

먼저 Shark 수신호를 한 상태에서 반대편 손으로 Shark 수신호와 같은 모양의 손을 만들어 먼저 손 위에 얹어 놓는다.

White Shark

스티븐 스필버그의 Jaws라는 영화 이후 악명을 떨치는 '백상아리', Great White Shark는 이 지구상 생물 중 가장 큰 포식자로 몸길이가 6.4m에 이른다. 등 쪽은 회색, 배 쪽은 흰색. 어뢰 모습의 유선형이라 매우 빨라 56km/hr의 수영 실력자다. White Shark는 인간에게 특히 Diver 에게 매우 위험한 존재라고 하나 다행히 동남아 바다 연안해역에서는 잘 보이지 않는다.

수염상어
Nurse Shark

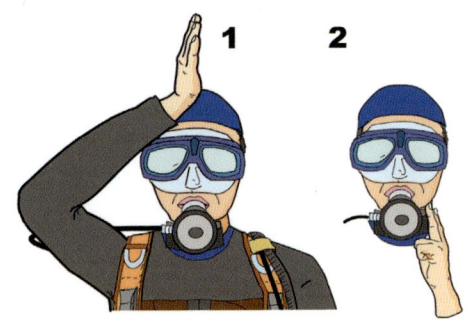

1단계 Shark 수신호 표시를 한다.
2단계 주먹 쥔 상태에서 검지와 중지만 곧게 펴서 목 부위에 갖다 댄다.

Nurse Shark

황색 또는 회갈색의 몸통에 강한 턱, 그리고 특유한 꼬리지느러미를 갖고 있으며 다른 종류의 상어들과 달리 부드러운 피부를 볼 수 있다. 몸길이는 평균 3m 정도... 낮에는 좀 굼뜬 편이라 굴속에서 낮잠을 즐기고 밤에 먹이 활동이 활발한 야행성... 잠을 자는 놈에게 접근했다가 공격당했다는 예가 하나 있을 뿐, 상어치고는 대부분 얌전한 편이라 한다.

환도상어
Thresher Shark

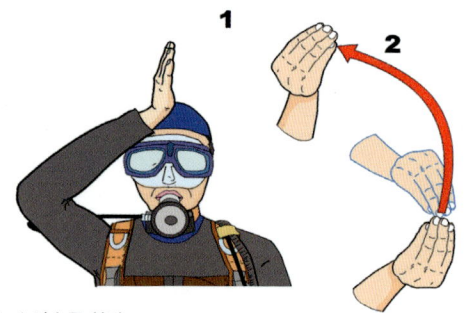

1단계 Shark 수신호를 한다.
2단계 두 쪽 손, 손가락이 위아래로 서로 마주 닿게 모았다가 위쪽 손을 크게 원호를 그리듯이 위로 움직인다.

Thresher Shark

커다란 눈과 몸통보다 더 기다랗고 채찍같이 생긴 꼬리지느러미가 특징이다. 꼬리를 채찍처럼 휘둘러 몰려다니는 작은 물고기들이나 오징어 같은 먹이를 포획한다고... 그러나 매우 수줍음 타는 성격이라 Diver를 공격하지 않는 것은 물론이고 한번 알현하기조차도 쉽지 않다고 한다. 환도상어 잘 나온다는 Malapascua섬까지 가서 허탕친 것이 여러번 이다. 가이드를 다그쳐 새벽에 나가야 하는데 그게 쉽지 않다. 몸길이는 3m~6m.

배암상어
Tiger Shark

1단계 Shark 신호를 한다.
2단계 양쪽 손으로 호랑이가 공격하는 모습을 흉내 내는 것 같은 동작을 한다.

Tiger Shark

어린 시기에는 몸통에 진한 세로줄 무늬로 바로 확인이 되지만 성장하면서 점차 흐려지게 된다. Tiger Shark의 몸길이는 5.5m까지 자란다고 한다. 일반적으로 수중에서 Scuba Diver에게 공격적이지는 않다고 하지만, 그간 자극하지 않았는데도 공격한 Case가 100건이 넘고 그 중 1/4은 사망 Case라고 한다.

고래상어
Whale Shark

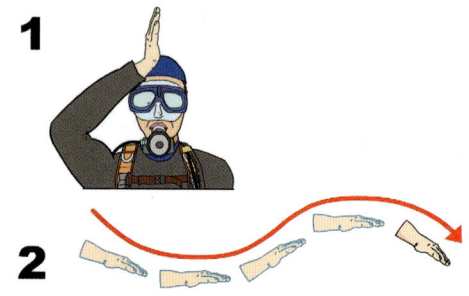

1단계 Shark 수신호
2단계 한쪽 손 손바닥과 손가락을 아래로 향한 채 크게 파도치듯 곡선을 그리며 수평으로 이동한다.

Whale Shark

고래처럼 큰 상어라고 하여 붙인 이름이다. 포유류인 고래를 빼면 바다에서 가장 큰 어류다. 몸길이가 14m까지 이르고 몸무게가 평균 15ton에 이른다. 상어치고는 너무 유순하고 먹이도 덩치에 어울리지 않게 플랑크톤이나 작은 새우가 주식이다. 필리핀 Donsol로 때 맞춰 가면 Oslob의 먹이를 주는 인위적인 모습 대신 자연생태계 속의 고래상어를 실컷 볼 수 있다. 멸종위기에 처한 생물이라 Diver들도 고래상어 보호에 적극적으로 동참해야 한다.

바라쿠다(꼬치고기 일종)
Barracuda

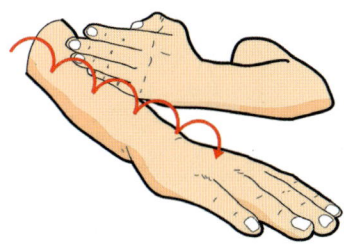

한쪽 팔을 손가락을 펴고 손바닥을 아래로 향하여 뻗게 한 후 다른 쪽 손으로 뻗은 팔을 3~4조각으로 토막을 내는 동작을 한다.

Barracuda

늘씬하고 유선형인 몸통에 커다란 입, 튀어나온 아래턱, 무시무시하게 보이는 이빨을 가지고 늘 떼거리로 몰려다니는 조폭 같은 어종이다. 비늘은 너무 작아서 만져보면 부드럽고 청색 또는 회색으로 보이는데 등에는 세로로 검은 Band가 여러 개 보인다. Diver는 입수 전에 반짝이는 반지나 보석 박힌 장신구는 모두 제거해야 한다. Barracuda가 먹이로 잘못 보고 공격할 수 있어서다. Sipadan섬으로 가면 Barracuda의 장대한 Schooling을 볼 수 있다.

랍스터
Lobster

양쪽 손의 검지만 펴서 머리 양옆에 붙이고 옴지락거리는 동작을 한다.

Spiny Lobster

Lobster는 머리에 2개의 긴 안테나 모양의 촉수가 달려있어 수신호도 그 모양을 암시한다. Lobster는 앞으로 걸을 수도 있지만 급할 때는 복부 근육을 굽혔다 펼 때의 탄력으로 뒤로 빨리 이동할 수 있다. Crab(게) 종류와는 달리 옆으로 기어갈 줄은 모른다. Spiny Lobster와 다르게 대서양에 서식하는 American Lobster의 크기는 25~50cm, 수명은 예상 밖으로 길어 40~50년씩이나 된다고...

곰치
Moray Eel

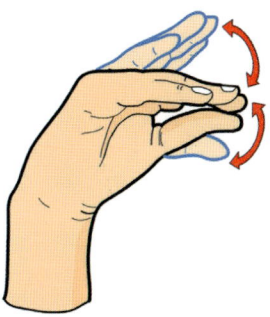

한쪽 손을 세워 손목을 구부린 채 모든 손가락을 모았다 펼쳤다 하는 동작을 반복한다. Moray Eel이 평소 보여주는 모습이다.

Moray Eel

미끈하면서 아주 길고 비늘이 없는 몸체에 아주 큰 입, 수많은 날카로운 이빨을 가진 것이 특징이다. 몸길이가 11cm 정도의 아주 작은 것부터 4m에 이르는 Giant Moray Eel까지 있고 색깔도 여러 가지 종류가 있다. 대부분 얌전하지만 일단 건드리면 성질낼 수 있으니까 Moray Eel이 있을 듯한 굴속을 맨손으로 헤집으면 봉변당할 수 있다.

버팔로피쉬
Buffalofish(Giant Bumphead Parrotfish)

1차로 Parrotfish 수신호를 한다. 2차로 주먹 쥔 손을 이마에 갖다 댄다. 혹 같이 튀어 나온 이마를 연상케 한다.

Buffalofish(Giant Bumphead Parrotfish)

Parrotfish 중 가장 몸집이 큰 종류로 몸길이가 1.3m까지 자란다. 옛날 북미대륙 개척 시절에 많던 Buffalo를 닮았다고 하여 Buffalofish라는 별명이 있다. 다이버들이 수중에서 보기 원하는 Group 중의 하나일 것이다. 온순한 어종으로 다이버를 보면 슬그머니 피한다. 딱딱한 종류의 산호초를 쪼아 먹는데 얘네들이 대변으로 배설한 것이 쌓여서 고운 백사장을 만든다. Bali섬 Tulamben 'The Liberty Wreck'에서 이른 새벽에 들어가면 얘들이 수십 마리, 떼를 지어 행진하는 모습을 볼 수 있다.

얼룩무늬 정원장어
Garden Eel

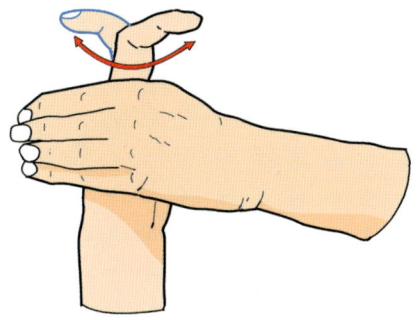

한쪽 손을 세우고 주먹을 쥔 상태에서 검지만 펼쳐 구부린다. 다른 손으로 그 주먹을 가볍게 잡는다. 그런 다음 주먹 쥔 손의 손가락을 앞뒤로 반복적으로 돌린다.

Spotted Garden Eel

지렁이처럼 길쭉하고 입은 조그마한데 아래턱이 튀어나와 있다. 가슴지느러미가 없거나 퇴화했다. 모랫바닥에 굴을 파고 집단서식을 한다. 꼬리 쪽이 아래에 단단히 붙어 있어서 상체를 드러내었다가도 Diver가 접근하면 재빨리 모두 숨어버린다. 플랑크톤이 먹잇감이고, 몸길이 40cm~70cm로 꽤 길다.

양놀래기
Wrasse

양쪽 팔을 크로스하여 붙이고 Wrasse가 헤엄치듯이 두 손을 놀린다.

Rockmover Wrasse

Wrasse(양놀래기)는 그 모양과 크기가 매우 다양한 거대한 그룹이다. 한가지 공통점이 있다면 수중에서 헤엄쳐 다닐 때 가슴지느러미를 노 젓듯 빠르게 움직여 나간다는 것이다. 대부분 주둥이가 끝에 달렸고 입술이 잘 발달되어 있다. 많은 종류의 Wrasse들이 해저 무척추동물, 특히 조개, 게, 성게를 즐겨 먹는데, 목구멍 뒤쪽에 특별한 이빨들이 있어서 딱딱하거나 돌기가 많은 음식을 부수뜨리어 먹기에 좋다고 한다. Wrasse들은 교접 시에 암, 수 구별이 쉽지 않을 정도로 융통성이 있어서 다양한 환경에서도 산란작업을 잘하여 많이 번식한다고.

참바리
Grouper

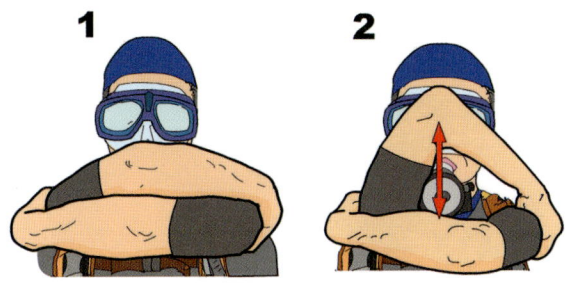

양쪽 팔을 겹쳐 서로 반대쪽 어깨를 잡은 후 위쪽 팔, 팔꿈치를 올렸다 내렸다 하는 동작을 반복한다.

Brown-Marbled Grouper

통통한 몸통, 커다란 머리와 입, 툭 튀어나온 아래턱, 이빨들이 튼튼하고 억세어 물고기들을 잡아 물고 부수어 먹는 쪽으로 발달하였다. Grouper는 종류가 많은데 Giant Grouper의 경우 2m까지 자란다. 대부분의 Grouper는 등지느러미 앞부분에 가시가 있지만 공격적이지는 않다. 그러나 Fish Feeding하는 곳에서 Diver가 Feeding하다가 큰 Grouper에게 물렸다는 보고가 있다. 동남아시아에서 식용 어종으로 많이 포획되고 있으나 다행히 다이빙 해역에서는 대부분 어업금지다.

세줄가는돔
Fusilier

Fusilier

육상에서 라이플 총으로 사격하는 시늉을 한다.

Yellowback Fusilier

Snapper보다는 더 갸름하고 몸길이는 보통 30cm 전후다. 상당히 빠른 속도로 헤엄치며 플랑크톤을 찾아 먹으려할 때에 보면 끊임없이 움직인다. 서태평양해역의 산호초대 얕은 수심부터 30~40m 이내에 군집으로 서식한다. 흔히 보는 Yellowback Fusilier를 예로 들면, 등지느러미 쪽과 꼬리지느러미가 노란색인데 유어기에 노랗다가 차츰 퇴색한다고 한다. Yellowback Fusilier 외에 Bluestreak Fusilier, Yellowtail Fusilier, Blue & Yellow Fusilier 등이 있다.

노랑거북복
Boxfish

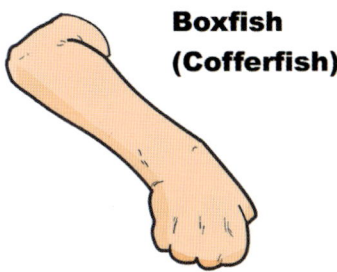

Boxfish (Cofferfish)

주먹 쥔 상태에서 팔은 자신의 몸에서 약간 떨어지게 하고 팔꿈치를 약간 구부려 마치 여행 가방을 끄는 듯한 동작을 한다.

Yellow Boxfish

그 생김새가 다변형의 등딱지 때문에 Box(상자) 또는 여행 가방 같이 보인다는 것이 특징이다. 원뿔 모양의 튼튼한 이빨과 작은 입을 가졌으며 헤엄치기는 서툴다. 몸길이가 60cm 정도까지 자라는 종류도 있으나 대부분 더 작다. 어떤 종류의 Boxfish는 위협을 받을 경우에 Ostracitoxin이라는 매우 독성이 강한 물질을 분비한다고 한다. 그러므로 Diver는 Boxfish 접촉 금지임을 기억해야 한다.

뿔복
Longhorn Cowfish

Longhorn Cowfish

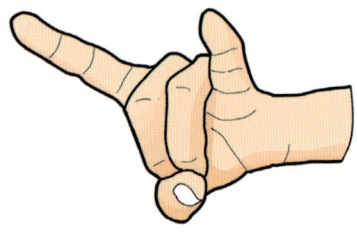

주먹 쥔 상태에서 검지와 새끼손가락만 펴 보인다. 소머리에 난 2개 뿔을 연상시키는 수신호이다.

Longhorn Cowfish

Boxfish의 일종으로 머리에 솟은 2개의 뿔로 확인된다. Boxfish가 대체로 몸집이 작으나 이 종류는 길이가 46cm에 이르는 것도 있다고 한다. Longhorn Cowfish는 모랫바닥을 불어 날려서 해저에 사는 작은 무척추동물들을 먹고 산다. 비교적 수심이 얕은 해안에서 모래나 진흙으로 된 바닥을 서식지로 삼는다고 한다.

버터피쉬
Butterfish

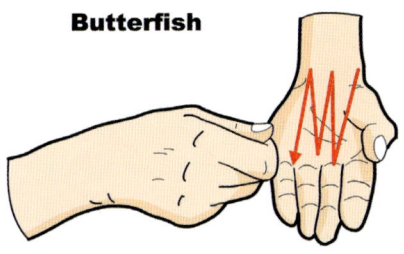

한쪽 손은 손가락을 펴고 손바닥은 위로 향하게 한다. 다른 쪽 손은 마치 식빵에 버터를 바르는 것처럼 펼친 손바닥 위에서 주먹 쥔 손을 양옆으로 왕복하며 위에서 아래로 내려온다.

Butterfish

양옆으로 심하게 눌린 듯이 납작한 몸통에 짧은 주둥이, 눈알 직경이 주둥이 크기와 거의 비슷하다. 성체는 Pelvic Fin이 없다. 국내 바다의 어류 중에는 병어가 그 Family에 속한다. Butterfish라는 명칭은 약간 애매해서 나라에 따라 조금씩 다른 형태의 어류가 Butterfish로 호칭되고 있다고.

씬뱅이
Frogfish

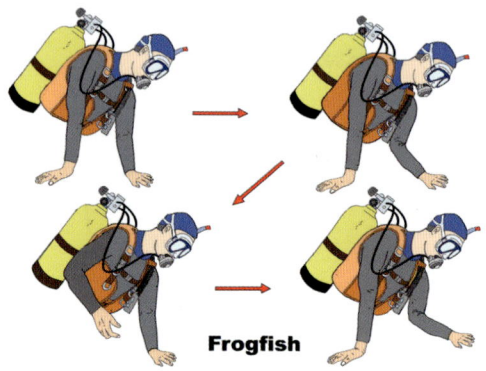

자신의 몸 앞에 양쪽 손바닥을 아래로 향한 상태로 손으로 걷는 동작을 한다.

Frogfish

물고기라고 부르기에는 너무나 달리 생겼고 특이한 어류인데 대략 40여 종에 이른다. 머리가 크고 입도 크다. 주위 환경과 유사한 색으로 자신의 몸 색깔을 바꾸는 위장수단이 있다. 주로 Sponge 위에 앉아 있기를 좋아한다. 몸 색깔이 노란색, 빨간색, 까만색, 흰색, 녹색 등 다양하다. Pectoral fin이 잘 발달되어 있어 마치 손처럼 사용하며 헤엄치기보다는 해저에서 걷는 것을 더 좋아한다. 길이는 4.5cm부터 30cm까지... 개구리처럼 앉아 있어서 Frogfish라는 이름이 붙었다고 한다.

드럼피쉬
Drumfish

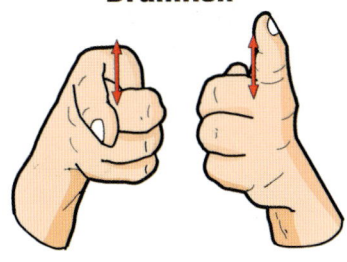

Drumfish

주먹 쥔 상태에서 검지만 곧게 펴서 앞쪽을 향하게 한다.
그 검지를 상하로 움직여 마치 드럼을 치는 듯한 동작을 한다.

Drumfish

Croaker로도 부르는데 등 지느러미 가시 부위와 연조직 부위 사이에 깊은 골이 패여져 있다. Drumfish는 헤엄칠 때 쓰는 부레를 진동시켜서 Resonance Chamber(공명방)의 역할을 하게 함으로써 물속에서 뚜렷하게 저주파의 북 치는 소리를 내며 그 소리로 짝을 찾거나 소통한다고... 무서움을 타지 않아 접근이 용이하단다. 가장 큰 종류는 길이가 2m나 되는 것도 있지만 대부분은 몸집이 더 작다.

촉수
Goatfish

Goatfish

주먹 쥔 손에서 검지와 중지를 펴되 손가락 사이를 약간 띄운다. 그 손의 손목을 턱에 갖다 대고 편 손가락은 아래로 향하게 내린다. 두 손가락은 Goatfish의 2개 수염을 암시하고 있고 Goat는 '염소'라는 뜻이다.

Manybar Goatfish

길쭉한 몸통에 깊게 파인 삼각형 꼬리지느러미, 서로 떨어져 있는 등지느러미 2개와 특징적인 밝은 색깔의 몸통, 비교적 큰 Scale(비늘)을 보이는데, 가장 특징적인 것은 턱 밑에 달린 2개의 각각 따로 움직이는 촉수다. 이 촉수는 모래 속에서 먹잇감을 찾는 데 쓰인다. 종류 따라 몸길이 50cm에 이르며 Schooling을 잘한다. Manybar Goatfish 외에 Yellowfin Goatfish, Doublebar Goatfish, Dash-dot Goatfish 등이 있다.

잭피쉬
Jack fish(Bigeye Trevally)

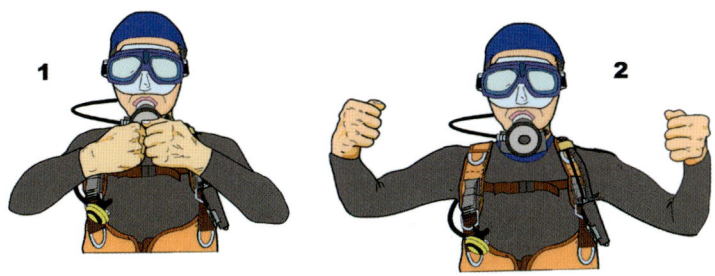

입고 있던 재킷(Jacket)을 벗을 때 같은 동작을 한다. Jack fish와 Jacket의 발음 유사성 때문에 채용된 듯하다.

Jack fish(Bigeye Trevally)

Jack fish의 본명은 Bigeye Trevally인데 별명을 더 많이 사용한다. 밝고 빛나는 은색 유선형 몸통에 등지느러미에 하얀 점이 특징이다. 매우 빠르고 강한 포식자 중 하나로 낮에는 거의 Tornado 같은 소용돌이를 일으키는 Schooling으로 돌아다니다가 밤에 먹이 활동을 한다. Jack fish와 같은 Family로 Bluefin Trevally, Giant Trevally, Golden Trevally, Black Jack 등이 있다. Balicasag섬의 Jack fish Schooling이 가장 멋지다.

납작머리
Flathead

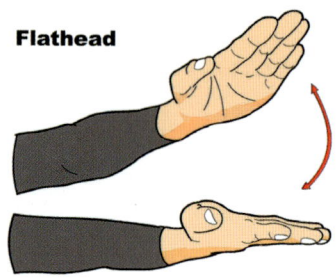

두 팔을 앞쪽을 향해 곧게 편 상태에서 아래, 위로 열었다 닫았다 하며 악어를 연상시키는 동작을 반복한다.

Crocodilefish

길쭉한 몸통에 납작한 머리 부위, 딱딱한 등줄기와 돌기, 커다란 입이 특징이며, 몸의 등 부분은 녹색, 갈색 혹은 회색의 얼룩무늬가 보인다. 서식지로 얕은 해안에서 바닥이 모래 또는 자갈밭인 곳을 좋아한다. 몸길이는 13cm~47cm... Crocodilefish가 대표적인 어종이다. 등지느러미에 독가시가 있으나 공격적이지 않기 때문에 Diver는 직접적인 접촉만 피하면 될 것 같다.

광어
Flatfish

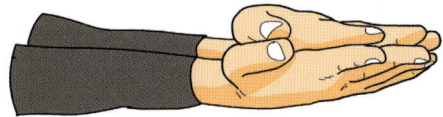
Flatfish

두 손, 손가락을 곧게 편 후 수평을 유지한 상태에서 양쪽 손을 서로 마주 보게 합쳐 놓는다.

Flounder

해저에 사는 비대칭형 몸통의 어종을 총칭한다. 성장 과정에서 한쪽 눈이 머리 반대편으로 이동한다. Flatfish는 눈이 없는 쪽이 배가 되어 모랫바닥에 몸을 파묻고 숨어서 눈만 내놓고 먹잇감을 기다린다. Flatfish의 종류를 들면 Flounder(도다리), Soles(서대기), Halibut(큰 넙치), Turbot(가자미) 등이다. Atlantic Halibut이 가장 큰 종류라 하는데, 몸길이가 4.5m에 이르기까지 자란다고 한다.

테이블산호
Table Coral

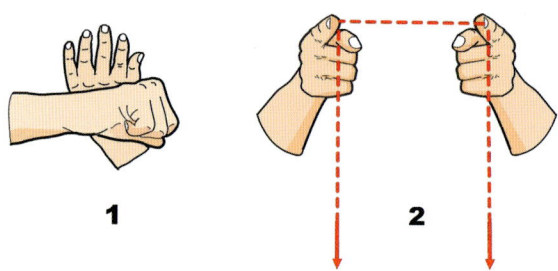

1단계 Coral 수신호 **2단계** 검지로 사각 Table의 외형을 그린다.

Table Coral

열대해역에서 자주 보며 수평으로 넓게 표면을 형성하여 마치 테이블처럼 보인다. 재생능력이 탁월하고 자라는 속도가 산호 종류 중 제일 빠르다고 한다.

지붕처럼 넓게 퍼진 Table Coral은 작은 물고기들이 숨을 수 있는 안전한 피난처가 되기도 하고 중간 크기 어류들에게는 그늘을 제공하는 쉼터가 되기도 한다.

튜브해면
Tube Sponge

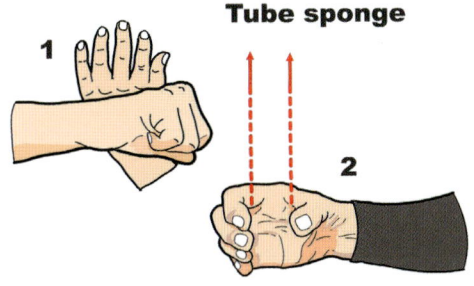

1단계 Sponge 수신호 **2단계** 한 손으로 튜브 모양을 나타내는 동작을 한다.

Yellow Tube Sponge

그 모양이 원통형으로 여러 개가 모여 있고 주로 황금색이나 주황색을 띠고 있다. Barrel Sponge나 마찬가지 원리로 바깥쪽 옆면으로부터 물을 흡수하면서 물속의 산소와 플랑크톤 같은 영양분을 섭취하고 튜브 안쪽으로 물을 내뿜어 위의 구멍으로 내보낸다. 개체가 커다란 Tube Sponge 속에서는 작은 물고기가 살기도 한다.

나폴레옹피쉬
Napoleonfish(Humphead Wrasse)

**Napoleonfish
(Humphead Wrasse)**

한 손을 펴서 자신의 BCD Strap 아래에 꺼넣는다. Napoleon이 평상시 외투 자락 안에 손을 넣던 버릇을 암시하는 듯하다.

Napoleonfish(Humphead Wrasse)

Napoleonfish라는 별명이 더 익숙한 Wrasse 중에 하나지만 다른 Wrasse들과 달리 몸집이 매우 크다. 두꺼운 입술, 이마에 달린 커다란 혹이 특징이다. 몸통 색깔은 Blue 혹은 Green으로 수컷은 230cm 정도까지 자란다. 다이버들을 잘 따르기 때문에 많은 사랑을 받는 어종이다. 고기 맛이 좋다고 알려진 이후로 암암리에 포획되어서 홍콩의 식당으로 팔려가는 경우가 많다고 한다. Palau Blue Corner에 가면 아직도 나타난다고 하니 멸종위기를 막아야 한다.

참치
Tuna or Mackerel

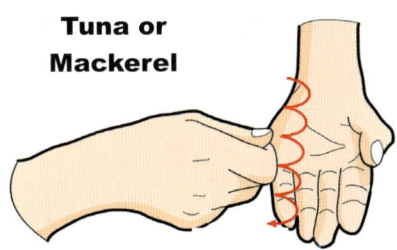

한쪽 손은 손가락을 펴고 손바닥은 위로 향하게 한다. 다른 쪽 손은 마치 참치 캔을 따는 것처럼 펼친 손바닥 위에서 주먹 쥔 손을 돌리며 위에서 아래로 내려온다.

Tuna

Tuna(참치)나 Mackerel(고등어)는 크기가 다르지만 같은 Family에 속한다. 은회색의 유선형 몸통에 2개의 등지느러미, 등지느러미 아래로 5~12개의 Finlets, 큰 각도로 벌어진 꼬리지느러미, 가슴지느러미 바로 아래에 붙어 있는 배지느러미가 특징이다. Tuna는 시간당 75Km를 헤엄칠 정도로 빠르다. Mackerel은 Schooling하는 경우가 많다. 평균 몸길이는 Tuna 4.2m, Mackerel 35cm 전후다.

고래
Whale

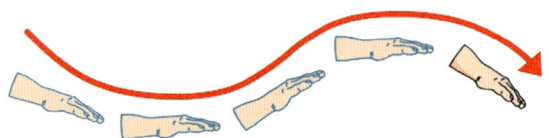

손가락을 곧게 펴고 손바닥은 아래로 향한 상태에서 그림과 같이 크게 원호를 그리며 수평 상태로 이동시킨다.

Humpback Whale

바닷속에 사는 포유류다. 꼬리 쪽의 수직으로 뻗는 Caudal Fin(꼬리지느러미) 대신 수평으로 넓게 갈라진 Fluke(꼬리)를 갖고 있다. 머리 꼭대기에 뚫려있는 Blow Hole(콧구멍-분수공)으로 숨을 쉬기 위하여 주기적으로 수면까지 올라가야 한다. Blue Whale은 지구상 가장 큰 고래로 길이가 33m. 주식은 크릴새우 같은 작은 생물. 그러나 이빨이 발달한 고래들은 큰 물고기나 오징어 등이 주식이다.

돌고래
Dolphin

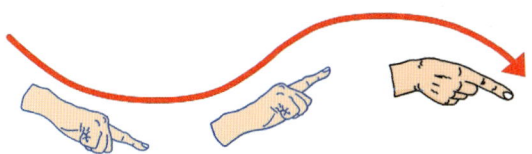

한쪽 손을 주먹 쥔 상태에서 검지만 펴고 손은 아래를 향한 채 크게 파도치듯이 곡선을 그리며 수평으로 이동한다.

Dolphin

역시 포유류로 끝이 갈라진 꼬리와 어뢰 같은 몸통에 이빨 달린 고래다. 앞다리는 지느러미발처럼 진화하였다. 후각이나 시력보다 'Echo-location' System이 더 발달되어 있다. 몸길이는 1.4m~9m. Dolphin은 일반적으로 인간과 서로 반응할 정도로 지능이 높아서 그들의 행동요령을 보면 같이 놀이를 할 수 있는 정도이고 단체로 배를 쫓아다니면서 즐길 줄도 안다.

복어
Pufferfish

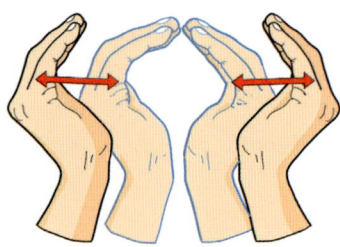

양쪽 손바닥을 오므려 C자 형을 만들어 손가락들이 닿게 모았다가 떨어지게 하는 동작을 반복한다.

Blackspotted Pufferfish

위기에 처했을 때 순식간에 물을 많이 들이마셔 몸집을 크게 부풀리는 재주를 가지고 있다. 몸집을 부풀리는 이유는 상대에게 위압감을 주어 접근 불가 경고가 목적이라고... 그러나 상대를 잘못 만나 몸을 부풀리면 잘 움직이지 못하기 때문에 오히려 화를 당한다. 여러 가지 종류가 있는데, 몸길이가 11cm~120cm. Blackspotted, Whitespotted Pufferfish 등을 자주 볼 수 있고 가시두더쥐를 닮은 Porcupine Puffer도 흔하다. Pufferfish의 내장에 독이 있다는 것은 잘 알려져 있으나 다이빙 중에 해를 끼칠 일은 없다.

바다뱀
Sea Snake

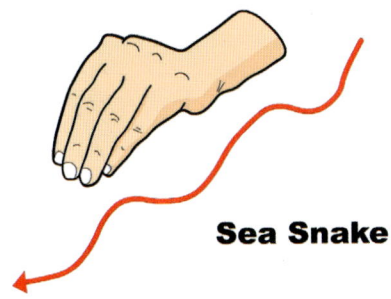

한쪽 손의 손바닥은 아래로 하고 손가락 끝 모두를 합친 모양으로 앞쪽을 향해 곡선을 그리면서 이동한다.

Banded Sea Snake

파충류이기 때문에 폐로 공기 호흡을 하기 위하여 수표면으로 주기적으로 올라가야 한다. 종류에 따라 보통 한 30분부터 2시간에 한 번씩 왕복한다고. 꼬리가 넓적하게 Paddle(노) 모양이다. 수표면으로 끊임없이 왕복하느라 헤엄치는 데 적응하여 꼬리가 넓적한 지느러미 모양으로 진화했다고... 공격적이진 않으나 수표면 왕복 중 다이버와 맞부딪쳐 물리게 되면 호흡과 신경마비로 사망할 정도로 맹독성이다. Banded(or Ringed) Sea Snake와 Olive Sea Snake가 대표종이다.

성게
Sea Urchin

한 손을 다른 손 위에 겹쳐 놓은 후 모든 손가락을 쫙 펴서 Sea Urchin의 가시를 표현하는 듯한 모양을 만든다.

Sea Urchin

극피동물로 밤송이처럼 생겼으며 대부분 주먹만 한 크기이나 지름이 30cm 이상 되는 것도 있다. 바위에 붙어 있는 해조를 갉아 먹고 사는데 간혹 모래나 뻘 속을 파고 들어가 모래에 붙어 있는 작은 규조류를 먹고 사는 종류도 있다. 운단이라 불리는 주홍색의 성게 알은 식용으로 사용된다. 성게는 불가사리와 함께 암초해역의 백화현상을 일으키는 주범으로 바다 사막화를 가속하는 요인으로 알려져 있다. 부서지기 쉬운 긴 가시가 있는 성게는 접근 시 찔리지 않도록 주의해야 한다.

만다린피쉬
Mandarinfish

나무에서 만다린(Mandarin=감귤)을 따는 동작을 한다. Mandarin이 전근대 중국고관, 중국어 등의 뜻 외에 미국에선 감귤이란 단어로 흔히 쓰이기 때문에 이런 수신호를 만들었을 것으로 짐작한다.

Mandarinfish

Colourful하고 아름다운 작은 물고기다. 몸길이 평균 6cm. 진한 녹색 바탕에 가장자리에 가는 흑색 선을 두른 적색 Line으로 온몸을 수놓은 듯이 보인다. 수심 3~30m 이내 산호초대에 서식하는데 Staghorn Coral 덤불 속에서 사는 경우 발견하기가 쉽지 않다. 해질녘에 데이트를 시작하여 초저녁에 교미한다. 산호 가지 사이에 숨어 있어 잘 보이지도 않는 오브제를 그것도 찰나인 한순간을 포착하기 위해 사진작가들이 물속에서 웅크리거나 엎드려 끔찍하게 고생한다.

동갈돔
Cardinalfish

양쪽 손바닥과 손가락을 곧게 펴서 머리 위에서 손가락이 서로 맞닿게 한다. 이 모습은 대체로 집을 연상케 한다.

Pajama Cardinalfish

비교적 작은 몸집에 밝고 화려한 색깔의 몸통, 그리고 2개로 분리된 등지느러미가 특징이며 거의 모든 종류가 12cm 이하다. 많은 종류의 Cardinalfish 수컷이 수정란을 구강 내에 품고 다니면서 부화시킨다고 한다. 야행성으로 플랑크톤이나 해저의 무척추동물을 먹이로 삼는다. 거의 대부분이 산호초 속에 보금자리를 마련한다. 마크로 렌즈를 많이 사용하는 수중 사진작가들의 오브제로 유명하다. Pajama Cardinalfish 외에 Five-line Cardinalfish, Ring-tail Cardinalfish, Coral Cardinalfish, Banggai Cardinalfish 등이 있다.

해파리
Jellyfish

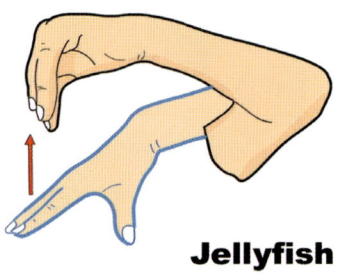

Jellyfish

다섯 손가락을 폈다가 움켜쥐듯이 모으면서 수직 상 방향으로 천천히 움직인다.

Jellyfish

몸체는 젤라틴 성분의 맥동하는 종 모양과 그 가장자리를 따라 매달려 있는 Tentacle(촉수)로 구성된다. 촉수는 먹이를 포획할 때 쓰이는 Stinging Cell(쏘는 세포)로 덮여 있다. Jellyfish의 한 종류는 2m까지 자란다. Sea Wasp와 Box Jellyfish의 한 종류는 접촉했을 때 매우 통증이 심하고 간혹 치명적이라고 하니 Diving 중에 혹시 Jellyfish 종류와 만나면 주의가 필요할 것이다.

면도날물고기
Razorfish

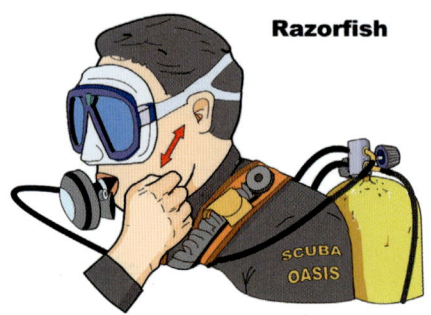

뺨에다 한쪽 손을 갖다 대고 면도하는 시늉을 한다. 물고기 이름 Razor의 뜻이 면도칼이니까.

보통 물고기의 생김새와는 다른 특이한 모양과 해저에서 몇 Centimeter 띄운 공간에서 머리를 아래로 향한 채로 전 그룹이 Synchronise로 움직이는 것만 보아도 확연하게 구별된다. 몸 길이는 평균 15cm이고 심하게 압착 된 듯한 납작한 은빛의 몸통에 적갈색의 줄무늬, 팽팽하고 기다란 주둥이를 갖고 있고 지느러미는 보이지 않을 정도로 작고 투명하다. Shrimpfish라고도 부른다.

흰동가리
Clownfish(Anemonefish)

**Clownfish
(Anemonefish)**

한쪽 손의 손가락으로 O자 모양을 만들어 그 손을 코에 갖다 댄다. Clown의 뜻이 "서커스 등의 어릿광대"라는 뜻이기 때문에 빨간 코 모양을 연상시키게 하는 동작이다.

Clown Anemonefish

모두가 다 Colourful하여 노란색, 오렌지색, 빨간색 몸통에 백색 반점이나 특색 있는 줄무늬가 있다. 대부분 작아서 몸길이가 6cm~17cm... 다른 어종에게는 치명적인 독성이 있는 Sea Anemone(말미잘)를 집으로 정하고 공생관계를 잘 유지할 수 있는 이유는 Clownfish나 Anemonefish들이 몸 전체가 치어 때부터 특수한 점액질로 덮여 보호되고 있기 때문에 말미잘 독성성분에 아무런 영향을 받지 않아서라고 한다. Clown Anemonefish 외에 Pink Anemonefish, Skunk Anemonefish, Two-banded Anemonefish, Tomato Anemonefish 등이 있다.

쏠종개
Catfish

양쪽 손의 검지를 아래로 향해 양쪽 뺨 옆에 가져다 댄다.

Striped Catfish

Catfish는 민물에 사는 메기의 일종이지만 Striped Catfish(쏠종개)는 바다에서 살며 메기처럼 생긴 물고기다. 검은색 몸통에 백색 줄무늬가 있고 입가에 4쌍의 수염이 있다. 열대해역에서 자주 보며 연안 얕은 곳의 암초 사이나 바위 밑의 해조류가 밀생하는 곳에서 Schooling하며 생활한다. Schooling할 때 주의 깊게 관찰해보면 불규칙하게 움직이면서도 방향성이 확실한 것이 신기하게 보인다. 주로 갑각류, 요각류 등을 먹는다. 평균 몸길이는 20~24cm. 등지느러미에 독성 가시가 있다고 하니 주의해야 한다.

산호
Coral

Coral

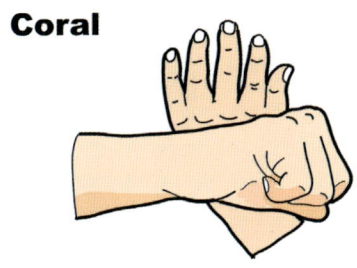

한쪽 손은 손가락을 편 채 손바닥을 자신을 향하게 한 후에 다른 쪽 손은 주먹을 쥔 상태로 먼저 손, 손등에 갖다 댄다.

Coral

식물처럼 보이지만 몸 안에 강장(腔腸)이라 불리는 공간이 있어서 강장동물이라 하기도 하고 쏘는 세포가 있어 자포(刺胞)동물이라 하기도 한다. 타 종류의 해양생물들과 공생관계를 형성하면서 건강한 바다를 유지하는 데 큰 역할을 한다. Coral은 촉수를 내밀어 플랑크톤을 잡아먹는다. Fire Coral 같은 종류와 접촉하면 며칠 동안 심한 통증을 겪으니까 긴 Wet Suit를 입어서 피부를 보호하는 게 좋다.

실고기
Cornetfish(Flutemouths)

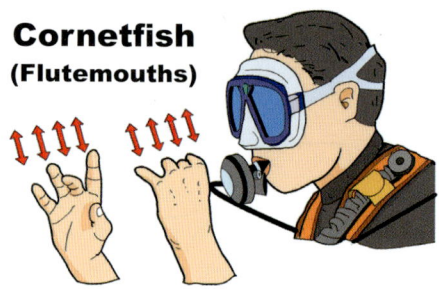

양쪽 손을 입 앞에 나란히 세워 놓은 후 모든 손가락을 써서 플루트를 연주하는 시늉을 한다.

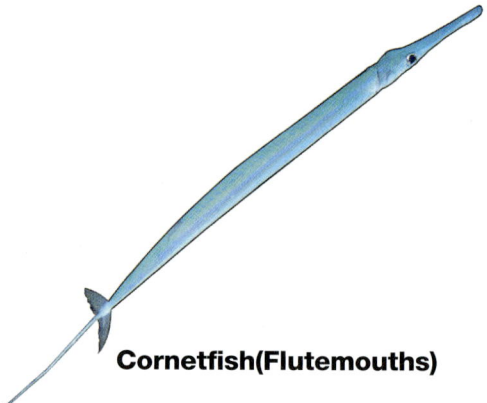

Cornetfish(실고기)는 은회색의 아주 아주 기다란 몸통과 역시 기다란 원통형 주둥이, 작은 입, 실 모양의 꼬리가 특징이다. 몸길이는 1.8m까지 자란다고... Coral Reef 근처에서 잘 발견되고 있다. 신사처럼 생긴 외모와 달리 교활하고 은밀한 방법으로 먹잇감을 해치우는 적극적인 포식자라고 한다.

가시돔
Hawkfish

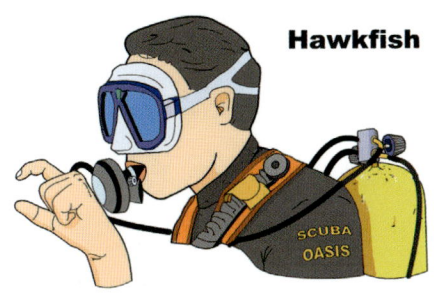

주먹 쥔 상태에서 엄지와 검지만 펴서 구부린 모양을 하고 자신의 코 앞에 가져다 댄다.

Longnose Hawkfish

살이 찌고 약간 갸름한 몸매에 종종 컬러풀한 몸통을 하고 있고 하나로 쭉 연결되어 있는 등지느러미 중 10개의 지느러미 가시 끝에는 Cirri(촉모)라고 부르는 가는 실모양 다발이 있는 것이 특징이다. 부레가 없어서 헤엄치는 것이 서툴러 산호초 가지 위 혹은 Sponge 위에 튼튼한 양쪽 가슴지느러미로 의지하고 앉아서 작은 물고기나 갑각류, 무척추동물 같은 먹잇감을 기다린다. Hawkfish는 종류에 따라 몸길이가 7cm~28cm 정도라 한다.

턱고기, 후악치
Jawfish

양쪽 손을 주먹 쥔 상태에서 검지만 펴서 양쪽 턱 위에 갖다 댄다.

Mouth Breeder, Jawfish

가늘고 작은 몸체에 개구리같이 생긴 큰 머리, 입도 매우 크고 눈은 튀어나와 있어서 일반적인 어류와 비교하면 기형적인 생김새다. 대부분은 몸길이가 9cm 전후이나 어떤 종류는 45cm 되는 것도 있다고 한다. Jawfish는 포식자로부터의 위험을 피하는 방편으로 Reef 근처의 모래 지형에 자기만의 굴을 파고 들어가 산다. Jawfish는 대표적인 Mouth Breeder(입안에 알을 품어 새끼를 부화하는 어류)로 알려져 있다.

토끼고기
Rabbitfish

한쪽 손, 주먹 쥔 상태에서 검지와 중지를 펴되 손가락 사이를 약간 띄우고 손바닥을 앞쪽을 향해 머리 꼭대기 뒤쪽에 손가락 2개를 세운다. Rabbit이 토끼라는 뜻이니까 토끼의 2개 귀를 연상케 하는 모습이다.

Foxface Rabbitfish

색채가 밝은 타원형의 몸체에 작은 입이 주둥이 끝에 달려있다. Dorsal, Ventral, Anal Spine에 찔리면 독성이 있기 때문에 주의가 필요하다. 이들에 찔릴 경우 심한 통증을 유발하나 성인일 경우 치명적이지는 않다고 한다. 주요 먹이는 Algae나 Sea Grasses, 어떤 종류는 Sponge도 먹는다고 한다.

활치
Spadefish(Batfish)

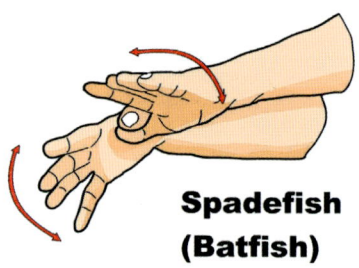

Spadefish (Batfish)

양쪽 손을 납작하게 펴서 엄지손가락이 겹치게 붙인 후 양손을 위아래로 움직인다.

Longfin Spadefish

Batfish(제비활치)로 더 잘 알려져 있는 이 어종은 Spadefish(활치)라고 부르기도 하는데 Disc처럼 납작하게 생긴 은빛 몸통의 앞부위에 한두 개의 검은 Bar가 수직으로 나있고 아주 조용히 천천히 헤엄치는 것이 특징이다. 이 어종의 유년기에 볼 수 있는 등지느러미와 항문지느러미는 놀랄 정도로 길고 아름다운 모습이다. 성체 Longfin Spadefish의 길이는 41cm에 이른다. Tallfin Batfish, Pinnate Batfish, Longfin Spadefish 등이 있다. 세부 Hilutungan섬 바다의 Batfish들이 Schooling하는 모습은 우아하면서도 장관이라 하겠다.

나비고기
Butterflyfish

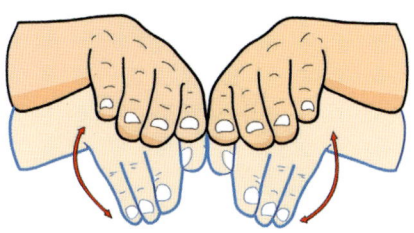

두 손을 손바닥이 아래로 향하고 엄지손가락이 맞닿게 나란히 붙인 후 두 손의 가장자리를 마치 나비가 날갯짓할 때처럼 위아래로 움직이는 동작을 반복한다.

Beaked Butterflyfish

대체로 화려한 색깔의 납작한 몸통에다 눈 주위에는 진한 Band가 가로지르고 있는 매력 있는 모습의 어종이다. Butterflyfish는 그 종류가 참 많은데 몸통 측면 후미에 눈 모양의 무늬가 있는 종류가 여럿 있다. 꼬리지느러미가 갈라지지 않았다는 것도 특징. Angelfish와 달리 아가미 덮개에 가시가 없고 24cm까지 자란다. Beaked Butterflyfish 외에 Raccoon Butterflyfish, Collared Butterflyfish, Vagabond Butterflyfish, Chevroned Butterflyfish, Saddled Butterflyfish, Pyramid Butterflyfish, Longnosed Butterflyfish 등이 있다.

배너피쉬
Bannerfish

주먹 쥔 상태에서 엄지와 검지만 편다. 자신의 가슴 중앙 위치에서 양쪽 손가락 끝을 모아 사각형 모양을 만들었다가 가슴의 가장자리 위치로 양쪽 손을 끌어당긴다. 마치 현수막을 암시하는 듯한 동작이다.

Long-fin Bannerfish

Bannerfish(배너피쉬)는 Butterflyfish Family에 속한다. 몸통에는 검정색의 세로 Band와 흰색의 Band가 2줄 씩 엇갈아 있고 등지느러미의 앞부분이 흰색으로 길게 뒤로 뻗어 있다. 뒤쪽 등지느러미와 꼬리지느러미는 노란색이다. 홍해로부터 인도-태평양, 호주, 하와이까지 널리 분포되어 있으며 Schooling을 매우 잘하는 어종이다. Bannerfish의 주된 먹잇감은 플랑크톤이나 산호 Polyp 등이다. 평균 몸길이는 21cm. Longfin Bannerfish는 앞쪽 등지느러미의 흰색 부분이 더욱 길어서 몸길이가 최고 25cm까지 된다고.

마스크 배너피쉬
Masked Bannerfish

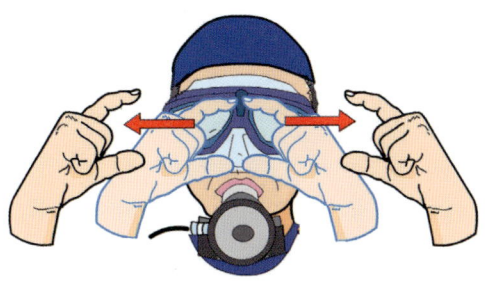

Masked Bannerfish

양쪽 손을 주먹 쥔 상태에서 엄지와 검지만 펴서 마스크 바로 앞에서 사각형 모양을 만들었다가 마스크 가장자리 밖으로 잡아끄는 동작을 한다.

Masked Bannerfish

몸통이 납작하며 검은색과 하얀색의 Band가 있다. 꼬리, 등, 항문 지느러미가 모두 노란색이며 머리 부분은 검은 Bar와 하얀색 얼룩이나 가는 선이 보인다. Masked Bannerfish가 Bannerfish와 다른 점은 주둥이 부분이 마치 검은 마스크를 쓴 것 같다는 것이다. 최장 몸길이는 23cm이고, 해저에 사는 무척추동물이나 환형동물인 벌레 등을 먹이로 산다고 한다. Bannerfish와 거의 같은 해역에 분포되어 있다.

깃대돔
Moorish Idol

한쪽 손을 납작하게 펴서 손가락 끝을 머리에 대었다가 크게 곡선을 그리면서 머리에서 떼어내는 동작을 한다.

Moorish Idol

몸통이 납작한 모양이고 흰색, 노란색, 검은색의 세로 Band가 있으며 입이 길게 튀어나와 있고 등지느러미는 아주 길어서 그 끝이 가는 실같이 보인다. 몸길이는 최대한 길어봐야 16cm다. 다이빙 초심자는 Moorish Idol을 보고 Butterflyfish와 혼동하기도 하는데 Moorish Idol은 한 종류밖에 없다. Rabbitfish나 Surgeonfish의 족보와 관계가 있다고 하지만 Moorish Idol에는 그 종들처럼 독 있는 가시라든지 칼날 같은 것이 없는 우아하고 매력이 있는 어종이다.

앵무고기
Parrotfish

한쪽 손의 손등을 자신의 입 앞에 갖다 대고 엄지와 나머지 손가락을 붙였다 뗐다를 반복하여 마치 앵무새가 입으로 말하는 것을 흉내 내는 듯한 동작, 또는 먹이 활동을 하는 모습을 연상케 하는 동작을 한다.

Parrotfish

이름 그대로 앵무새를 닮은 부리를 가졌고 치아가 서로 붙어 있어 죽은 산호초 뼈대에서 Algae(조류)를 쪼아먹기가 쉽다. 종류에 따라 19cm~80cm까지 자란다. Hermaprodites(자웅동체) 기능을 가지고 있어서 처음에는 수컷, 나중에 암컷이 된다. 낮에는 하루종일 산호초를 쪼아먹고 밤에는 바위 틈이나 산호초 사이에서 자는데, 입으로 특수점액을 분비, 소위 "Sleeping Bag"을 만들어 포식자로부터 자신을 보호한다. Parrotfish는 30가지 정도로 종류가 많으며 몸통 색도 다양하다.

어름돔
Sweetlip(Grunt)

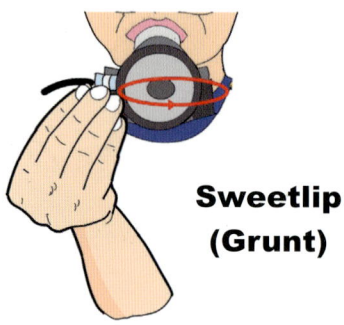

Sweetlip (Grunt)

모든 손가락 끝과 엄지가 서로 닿게 하여 자신의 입술 위에서 원을 그리는 듯한 동작을 한다.

Oriental Sweetlip

특징은 단연 두꺼운 입술이다. 그래서 이름이 Sweet(달콤한) Lip(입술)이 되었을 것이다. 일부 지역에서는 Sweetlip을 Grunt라고 부른다는데 입술 안쪽에서 치열을 가는 소리를 낸다고 하여 붙인 이름이라 한다. 종류 따라 86cm까지 자란다. 주로 야간에 포식활동을 하고 새우, 게 등 갑각류가 주식. 주간에도 소규모 Schooling하는 모습을 자주 볼 수 있다. Oriental Sweetlip 외에 Striped Sweetlip, Manyspotted Sweetlip, Diagonal-banded Sweetlip 등이 있다.

파이프피쉬
Pipefish

Pipefish

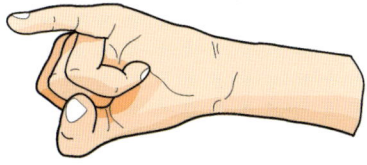

한쪽 팔을 수평으로 유지하고 주먹을 쥔 상태에서 새끼손가락을 편다.

Banded Pipefish

가늘고 길며 뼈로 된 Ring으로 둘려진 호리호리한 몸통을 갖고 있다. Pipefish라는 명칭도 주둥이가 파이프처럼 생겨서 붙여진 이름이란다. Seahorse나 마찬가지로 거의 모든 Pipefish들이 헤엄을 잘 치지 못한다. Ghost Pipefish는 크기가 5cm 정도인가 하면 Slender Pipefish는 40cm에 이른다고 한다. 산호초나 해초가 무성한 해역의 숨기 좋은 장소에서 주로 발견되며 수컷이 수정란을 품는다고 한다.

해마
Seahorse

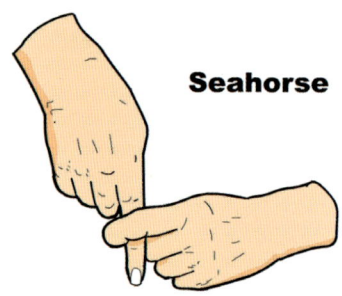
Seahorse

양쪽 손 주먹 쥔 상태에서 두 손 다 검지만 편다. 한 손 손가락을 아래로 향하게 하고 다른 손 손가락으로 아래를 향한 손가락을 감아쥔다. 말 타는 모습을 신호로 정한 Diving Circle도 있다.

Seahorse

Seahorse(해마)는 갸름하지만 통통한 몸통에 유연하게 움직이는 목, 뾰족한 주둥이, 그리고 여러 개의 Bony Ring 위를 피부가 팽팽하게 감싸고 있으며 비늘이 없다. 길이 0.5cm 정도인 Pigmy Seahorse부터 30cm인 Spotted Seahorse까지 있다. Pipefish나 마찬가지로 헤엄을 잘 치지 못한다. 해초가 많은 곳이 주 서식지다. 수컷이 수정란을 육아주머니에 넣고 품고 다니다가 부화시킨 후 육아까지 도맡아 한다고... 중국 한의사들의 전통적 한약 처방 때문에 남획되어 Seahorse의 개체 수가 계속 줄어드는 중이라고 한다.

쏠베감펭
Lionfish

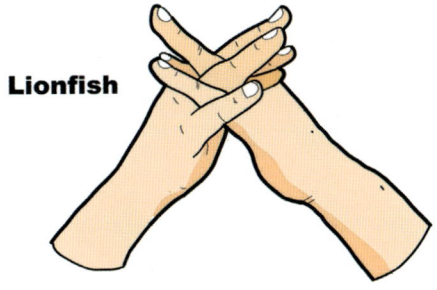

양쪽 손을 모아 손가락을 펴고 깍지를 끼면서 양손이 직각을 이루게 한다.

Lionfish

Scorpionfish Family에 속하며 깃털 같은 방사형 지느러미가 특징이다. 몸 전체에 적색, 백색, 흑색으로 요란히 Band를 두른 것은 자신의 지느러미 가시에 독이 있음을 포식자에게 경고하는 의미로 해석된다. 종류에 따라 몸길이가 12cm부터 45cm에 이른다. Lionfish는 악명 높은 맹독성 어종이라 독 가시에 찔리게 되면 심한 통증과 함께 치명적인 상태로 악화될 수 있다. 자극받으면 등지느러미를 곧게 세우고 적을 향하여 돌진한다고 하니 Lionfish가 도망가지 않는다고 하여 갖고 놀면 변을 당할 수 있다. 흔히 보는 종류로 Common Lionfish, Spotfin Lionfish, White-lined Lionfish 등이 있다.

쏨뱅이, 전갈물고기
Scorpionfish

양쪽 손의 손가락을 곧게 펴서 깍지를 끼게 한 후 자신의 머리 위에 얹어 놓는다.

Scorpionfish

대부분 통통한 몸집에 커다란 머리, 커다란 입, 독성 점액으로 범벅이 된 등지느러미 속에는 아주 날카로운 가시가 있다. 바다 밑바닥에서 미동도 하지 않고 앉아 있는 것으로 위장하여 먹잇감을 가까이 유도한다. 종류 따라 몸길이가 5cm~36cm이다. 공격적이진 않으나 Diver가 접촉하여 혹시 쏘이게 되면 쏘인 자리에 심한 통증과 부종, 설사, 구토, 두통이 뒤따른다고 한다.

스톤피쉬
Stonefish

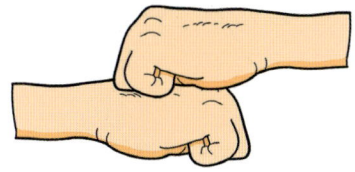

양쪽 손을 주먹 쥔 상태에서 한 손을 다른 손 위에 올려 놓는다.

Stonefish

Scorpionfish Family에 속하며 통통한 몸집에 미간이 많이 벌어지고 튀어나온 눈, 위쪽으로 향한 입이 특징이다. 대체로 연안 해저의 침전물 속에 절반쯤 파묻힌 채로 미동도 하지 않고 있어서 이끼 낀 돌멩이로 오해받기 쉽다. 몸길이가 35cm까지 자라는 종류도 있다고... 지구 상에서 가장 맹독성인 어종으로 등지느러미의 독침은 테니스화를 뚫을 정도로 강하며 많은 사람들이 Stonefish로 인해 사망하였다고 한다.

쥐치복
Triggerfish

주먹 쥔 상태에서 검지와 엄지만 편다. 엄지손가락을 굽혔다 올렸다 하면서 마치 권총을 쏘는 듯한 동작을 한다. Trigger가 '방아쇠'라는 뜻이기에 그 의미를 표현하는 수신호라고 할 수 있겠다.

Clown Triggerfish

Titan Triggerfish

몸통이 납작하고 눈이 주둥이 끝에서 약간 멀리 붙어 있으며 눈에 띄는 화려한 색깔의 무늬가 특징이다. Titan Triggerfish 경우 몸길이가 75cm까지 자라는데, Diver가 혹시 자신의 영역 내로 침입하면 거침없이 공격하여 내쫓는다고... 강력한 이빨에 물리게 되면 깊은 상처가 날 수 있기 때문에 Titan Triggerfish를 보면 조심하면서 접근해야 한다. Clown Triggerfish는 광대 같은 특이한 모습이라 그런 이름이 붙었다. 위 두 종류 외에 Orangelined, Ebony, Paddlefin, Redtooth, Striped, Blue Triggerfish 등이 있다.

양쥐돔
Surgeonfish

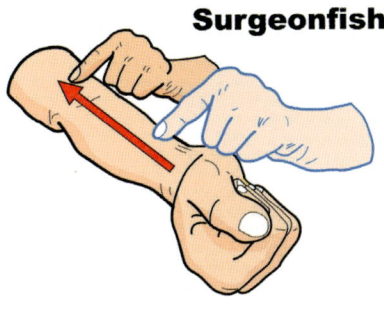

한쪽 손은 주먹 쥔 상태에서 검지만 편다. 그 손가락으로 다른 쪽 팔, 팔뚝에 아래에서 위로 선을 긋는 동작을 한다. 마치 Surgeon(외과의사)가 수술하듯이.

Striped Surgeonfish

70종류나 되며 매우 중요하고 눈에 띄는 거대한 어군이다. 양옆으로 납작하면서 밝고 화려한 타원형 몸통에다 꼬리 부분에 외과의 수술칼 같은 뼈 가시를 갖고 있다는 특징이 있다. 지느러미가 등에서 시작하여 꼬리까지 연결되어 비교적 길다. 종류에 따라 몸길이가 13cm~1m 사이다. 자극을 받으면 칼날 같은 꼬리지느러미 가시로 심한 상처를 줄 수 있기에 조심해야 한다. Striped Surgeonfish 외에 Whitecheek Surgeonfish, Powderblue Surgeonfish, Whitetail Surgeonfish를 흔히 볼 수 있다.

큰뿔표문쥐치
Unicornfish

한쪽 손을 주먹 쥔 상태에서 검지만 곧게 편다. 그 손, 손바닥이 바깥쪽을 향하게 하고 검지는 편 채로 위를 향하여 이마 위에 갖다 댄다.

Unicornfish

크게 보면 Surgeonfish Family 중에 속하는데 생후 차차 커지는 이마 위에 솟은 뿔 때문에 별명으로 붙은 이름이다. Unicornfish도 다른 Surgeonfish나 마찬가지로 Tail Fin 가까이에 면도날처럼 날카로운 Spine(독가시)를 갖고 있고 이는 자기방어용으로 사용한다고... 몸길이는 1m까지 자란다. Humpnose Unicornfish, Spotted Unicornfish, Bignoe Unicornfish 등이 있다.

앵글러피쉬
Anglerfish

주먹 쥔 상태에서 검지만 펴서 그 손을 이마 옆에 갖다 댄다. 그 손가락을 아래위로 움직 거린다.

Anglerfish

간혹 Frogfish라고도 불러서 혼동을 일으키나 엄밀히 따지면 다른 종류이다. 둥그런 몸통에 커다란 입이 위쪽으로 나 있다. 입 근처 이마에 해당하는 위치에 첫 번째 등지느러미가 진화하여 낚싯대처럼 생겼고 그 끝에 미끼처럼 보이는 것이 달려있어 작은 새우 같은 먹이를 유혹하여 입안으로 유도하는 포식 활동을 한다. 이름 그대로 즉, Angler(낚시꾼)이라는 뜻의 이름이 붙었다. Anglerfish는 느슨한 피부로 되어 있어 자기 몸통보다 큰 먹이를 삼켜도 몸이 팽창하여 잘 삭인다고 한다.

아귀
Monkfish(Toadfish)

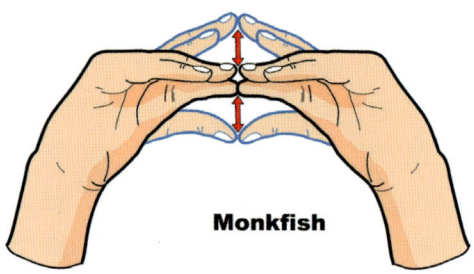

양쪽 손바닥이나 손가락을 곧게 편 후 약간 구부려 서로 맞닿게 한다. 양쪽 손가락을 붙였다 떼었다 하면서 마치 동물의 커다란 입을 암시하는 듯한 동작을 반복한다.

납작한 몸통에 커다란 입이 약간 위쪽에 있다. Anglerfish나 마찬가지로 앞쪽 등지느러미가 진화하여 안테나 같은 모습으로 변했고 그 끝에 미끼처럼 보이는 것이 달려있어서 옴질옴질 움직이면서 먹이를 입 쪽으로 유혹하는 재주가 있다. 바다 밑바닥이 서식지인 Monkfish는 1.2m까지 자란다고 하는데 대부분은 그보다 작다. 우리나라에서 얼큰한 아귀탕으로 유명한 바로 그 아귀다. 식감이 랍스터와 비슷해서 "Poor Man's Lobster"라고도 부르는 Monkfish는 호주나 유럽에서도 여러 가지 종류의 레시피가 있다고...

트럼펫피쉬(주벅대치)
Trumpetfish

양손으로 트럼펫을 연주하는 시늉을 한다.

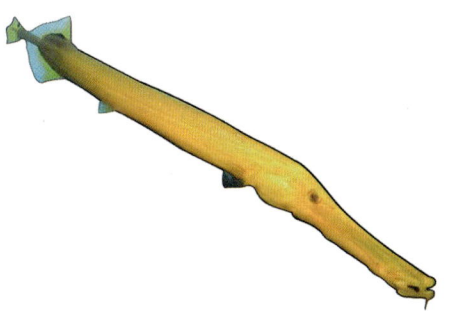

Yellow Trumpetfish

기다란 몸통에 역시 긴 원통형 주둥이와 그 끝에 달린 작은 입을 갖고 있다. 몸길이가 1m까지 자란다고 하며 얕은 연안에서 서식하는가 하면 120m 깊은 해저에서도 산다고 한다. 대체로 산호초 근처나 잡초가 우거진 해역에서 잘 볼 수 있다. 밝은 노란색이나 갈색, 회색이 많다. 상당히 영리하고 활발한 포식자 중에 하나이다. Gorgonian 산호초 가지에 머리를 대고 수직으로 거꾸로 선 채 숨어 있는 모습을 발견하기도 한다.

솔저피쉬
Soldierfish

한쪽 손의 손바닥을 아래로 하고 손가락 끝을 이마 옆에 갖다 붙이는 동작을 한다. 이는 군인이 거수경례를 하는 동작이다.

Crimson Soldierfish

대부분 붉은색의 몸통에 눈이 큰 것이 특징이다. Squirrelfishes와 친족간으로 열대해역 산호초대에서 많이 서식하며 몸길이가 평균 15cm이나 종류에 따라 30cm까지 자란다고 한다. 야행성 포식자들로 낮에는 굴속이나 바위 틈새 같은 곳에서 쉬고 있는 것을 잘 볼 수 있고 밤에 활발하게 먹이 활동을 한다. 플랑크톤이 주식이지만 작은 물고기나 무척추동물도 먹는다고... 짙은 갈색의 아가미덮개가 있는 Crimson Soldierfish 외에 Bronze Soldierfish, Shadowfin Soldierfish, Scarlet Soldierfish 등이 있다.

엔젤피쉬
Angelfish

한쪽 손 주먹 쥔 상태에서 검지만 편다. 펼친 검지로 머리 위에서 성자의 원호를 그린다. 이름이 Angel(천사)이기 때문에 이런 모습의 수신호를 쓰나 보다.

Regal Angelfish

관상용으로 수족관에서 키우는 담수어도 Angelfish라고 부르지만 여기서의 Angelfish는 바닷속 자연생태계의 Angelfish를 말한다. 양옆으로 납작하고 화려한 색깔이 특징이며 등지느러미 안에 아주 강한 뼈 같은 가시로 무장되어 있다. 종류에 따라 크기가 6cm에서 50cm까지다. Regal Angelfish 외에 Blue-ringed Angelfish, Emperor Angelfish, Blue-girdled Angelfish, Six-banded Angelfish 등이 흔히 보인다. 열대 바다에서 쉽게 만날 수 있어서 수중 사진작가들의 최애 모델 중 하나라 한다.

잎고기
Leaffish

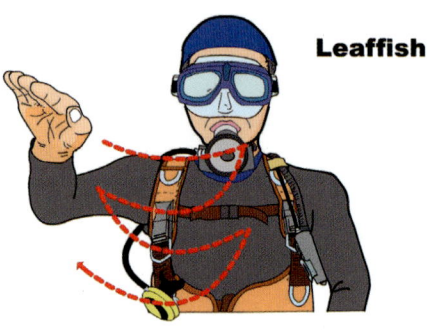

몸 앞에 한쪽 손을 수평으로 유지하고 있다가 마치 잎사귀가 떨어지는 듯한 시늉을 한다.

Leaffish

일반적으로 강이나 호수같이 느리게 흐르거나 정체된 담수의 식물 잔해가 있는 곳에 많이 분포되어 있으나 열대 바다에서도 서식한다. 몸통이 납작하고 잎사귀처럼 생겨서 그런 이름이 붙었다. 해저에서 별로 움직이지 않고 살며 위장하는 능력이 탁월하여 발견이 쉽지 않다. Paperfish 라고도 부르며 몸길이는 10cm 전후. Scorpionfish와 같은 계열에 있어서 Leaffish의 지느러미에도 독가시가 있다지만 치명적인 독성은 아니라고 한다.

다람쥐고기
Squirrelfish

양쪽 손의 주먹을 양쪽 뺨에 갖다대고 작은 원호를 그린다.

Squirrelfish

생김새나 사는 모습이 Soldierfish와 매우 닮았다. 대부분 붉은색이고 눈이 크며 상당히 활동적이지만 야행성 어종이기 때문에 낮에는 동굴 속이나 바위 틈새 그늘 속이나 Wreck 내에 작은 Group을 이루어 Hovering하며 쉬고 있다가 밤이면 포식활동을 한다. 인도-태평양과 대서양의 열대해역에 골고루 서식하며 산호초대의 Slope에서 자주 볼 수 있다. 얕은 수심에서 부터 100m 깊은 곳까지 내려간다고 하며 몸길이는 보통 30~40cm. Whitetail Squirrelfish, Redcoat Squirrelfish, Blackfin Squirrelfish 등이 있다.

빨판상어
Remora

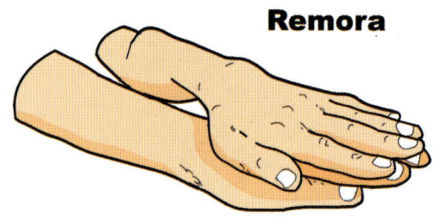

두 손, 손가락을 곧게 편 후 한쪽 손, 손등 위에 다른 손을 겹치게 얹어 놓는다.

Remora

실제 상어는 아니고 전갱이류에 속하는 어종인데 상어에 많이 붙어살기 때문에 그런 이름이 붙었다고 추측된다. 상어 외의 대형 동물들, 고래나 거북이 등에도 붙어 산다. 자신의 등지느러미가 진화과정에서 변형된 흡입판을 동물 표면에 붙이고 동물과 함께 이동하면서 동물 피부의 기생충을 제거해주고 동물이 먹는 음식 찌꺼기나 변을 얻어먹는 공생관계를 유지한다. 갸름한 몸집에 기다란 파란 줄무늬가 있는 종류가 많고 몸길이는 30~90cm.

바다거북
Sea Turtle

양쪽 손을 펴고 한 손을 다른 손 손등 위에 얹어 놓으면서 손가락 사이 사이로 깍지를 낀 다음 양손 바깥쪽의 엄지를 원형 모양으로 돌린다.

Sea Turtle

해양파충류다. 당연히 공기 호흡을 하겠지만 무산소성 물질대사로 전환되면서 수중에 아주 오랫동안 머물 수 있다. 그러나 암컷이 수정된 알을 낳으려면 모래로 된 육지로 올라가야 한다. Sea Turtle은 7종이 있으나 흔히 보는 것은 Green Turtle과 Hawksbill Turtle 뿐. Green Turtle은 비교적 부리 끝이 뭉툭한 편인데, Hawksbill Turtle은 부리 끝이 뾰족하고 날카로운 편이다. 수명이 100년 이상이라지만 Sea Turtle은 계속해 개체수가 줄고 있어 보호종으로 분류되어 있다.

대형해조류
Kelp(Seaweed)

한쪽 팔을 손바닥은 아래로 수평으로 놓고 다른 쪽 팔은 팔꿈치를 먼저 손등 위에 대고 수직으로 세운 후 천천히 양옆으로 흔들리듯 움직인다.

Kelp(Seaweed)

Kelp(켈프)는 다시마로 번역되기도 하는데 약간 추운 지방의 해안 수중에서 자라는 바닷속 식물이다. 집단서식으로 숲을 이루어 자연생태계에서 큰 역할을 한다. 성장 속도가 빨라 적절한 조건일 때 하루에 50cm씩 자라는 해역도 있다는데, 이런 곳에서는 길이가 80m나 되고 무성한 숲을 이루어 많은 어류의 산란장이 된다고 한다. Seaweed(해초)는 바닷속에서 자라는 해조류를 통틀어 말하는데, 해조는 파래 같은 녹조류, 미역, 다시마 같은 갈조류, 김 같은 홍조류 등이 있다.

해면
Sponge

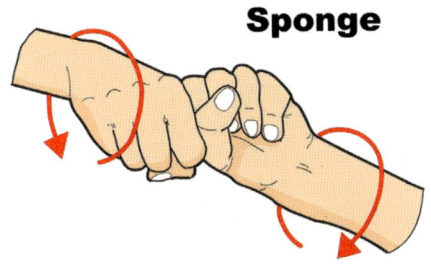

양쪽 손은 주먹을 쥔 후 엄지손가락을 맞대고 한쪽은 시계방향, 다른 쪽은 반대 방향으로 돌린다. 청소나 설거지할 때 사용하는 Sponge의 모습을 연상하도록 만든 수신호다.

Sponge

단단한 표면에 붙어 있는 식물처럼 보이나 플랑크톤을 먹고 사는 다세포 동물 중 가장 하위동물로 열대해역에서는 수많은 종류, 다양한 형태로 바위에 이끼처럼 낮게 깔려 있는가 하면 굴뚝처럼 우뚝 선 Sponge들이 해저 여러 곳에서 번성하고 있다. Sponge 군락은 해양생태계를 건강하게 유지하는 데에서 매우 중요한 역할을 한다.

항아리해면
Barrel Sponge

항아리 모양으로 보이게끔 양손을 앞으로 벌려 두 손의 손가락들이 서로 맞닿게 한다.

Barrel Sponge

무척추동물인 Barrel Sponge(항아리해면)은 서태평양 전 해역에서 발견된다. 최대 2,000년 까지 살 수 있다는 놀라운 수명의 Barrel Sponge는 엄청난 양의 물을 쉴 새 없이 걸러내어 물의 투명도를 높이고 조류를 제어하며 산호초 일대에 막강한 영향을 미친다고. 일반적인 Sponge 와 같은 망상구조로 항아리 모양을 하고 있다. 항아리 밖 옆면의 Ostia라고 하는 작은 구멍을 통해 내부 챔버로 물을 흡수하여 여과한 후 통 안으로 펌핑하여 내뿜는데, 이때 물속에 있는 영양분도 섭취한다고. 통 속에서는 작은 물고기나 새우 등도 서식한다.

개복치
Mola mola

Mola mola의 지느러미를 흉내내듯 한 팔은 위로 다른 팔은 아래로 뻗은 다음, 아래쪽 팔로 마치 배의 방향타가 움직이는 듯한 동작을 천천히 한다.

Mola mola

성체의 평균 몸길이 1.8m, 무게 1ton의 매우 큰 몸집으로 넓고 납작하게 생겼다. 치어 크기가 쌀알만 하다니까 성어가 되는 동안 체중이 10만배 이상 자라는 셈이다. 꼬리가 없는 대신 등지느러미와 뒤쪽 지느러미가 매우 길고 크며 부레가 없어 헤엄을 잘 못 친다. 깊은 수심에 살다가 가끔 수면으로 올라와 일광욕을 하기에 Oceanic Sunfish라고도 부른다. Mola mola의 성지(聖地)라는 Bali섬까지 가서 실패하는 경우가 더 많은데, 국내 근해에서도 발견된다고 하니 어복(漁福) 있으면 동해 가서 볼 수도 있겠다.

불가사리
Starfish

Starfish

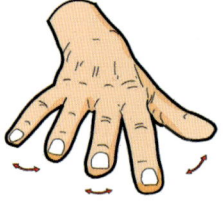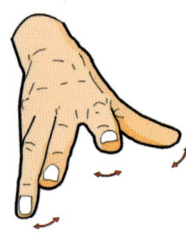

한 손을 수평으로 고정한 상태에서 모든 손가락을 움직거린다. 마치 밤하늘의 별이 반짝이듯이... Problem Sign과 혼동하지 말 것. Problem Sign은 손바닥과 손가락 전체가 동시에 좌우로 움직인다.

Starfish

돌기가 있고 방사성 대칭을 이루는 별 모양이 많으며 관족(管足)을 가진 극피동물이다. 피부는 거칠게 보이지만 색깔은 화려하고 다양하다. 팔은 주로 5개지만 많이 달린 것도 있다. Starfish를 뒤집어 보면 관족이 보이는데 이것으로 움직이고 먹이를 붙잡기도 한다. 힘이 장사라 단단한 조개껍질도 강제로 벌려서 소화관을 집어넣은 후 조갯살을 소화시켜 먹는다. 재생능력이 뛰어나 팔이 잘려도 다시 생긴다. Starfish 개체 수가 많아지면 해양생태계를 교란시키기 때문에 어민들에게는 골칫덩어리들이다.

스내퍼
Snapper

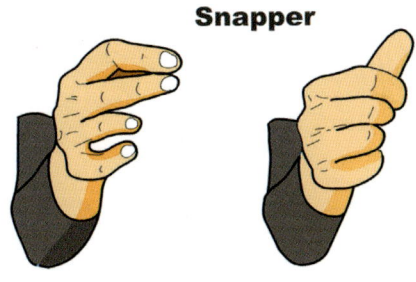

손가락을 딱 소리가 나게 튕기는 동작을 한다.

Red Snapper

도미나 농어와 유사한 어류로 등지느러미가 하나로 연결되어 있고 꼬리지느러미는 갈라져 있다. 입이 크고 위, 아래턱의 이빨들이 발달되어 있다. 낮에는 연안 산호초대에서 유유히 떼를 지어 다니거나 그늘진 곳에서 쉬다가 밤에는 흩어져 먹이 활동을 한다. 갑각류, 성게류, 달팽이, 문어 등의 무척추동물이나 작은 물고기가 먹이이다. 50가지 이상의 종류가 있고 식용으로 많이 쓰이는 어종이다. Blue-striped, Two-spot, Chequered, Midnight, Red Snapper등이 흔히 보는 Snapper로 알려져 있다.

뇌산호
Brain Coral

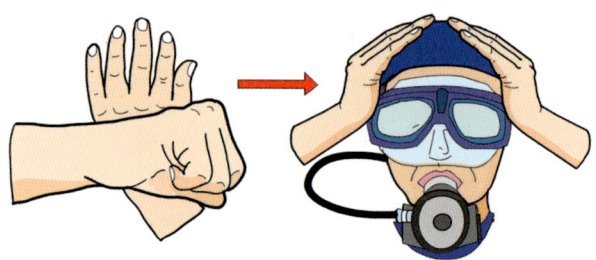

1단계 Coral 신호 **2단계** 양쪽 손을 머리 위에 얹어 놓는다.

Brain Coral

일반적으로 타원형의 둥그런 모양과 뇌를 닮은 홈이 있는 표면 때문에 그렇게 불린다. 산호의 각각 머리에는 탄산칼슘의 단단한 골격을 분비하는 Polyp 군집에 의해 그러한 모양으로 형성된다고 한다. 산호초의 뼈대를 이루는 중요한 산호로 알려져 있다. 전 세계 모든 해양의 얕은 산호초에서 흔히 발견된다. 높이가 1.8m 이상까지 자랄 수 있고 밤에 촉수를 뻗어 플랑크톤 같은 먹이를 잡아 먹는다고...

갈돔
Emperor

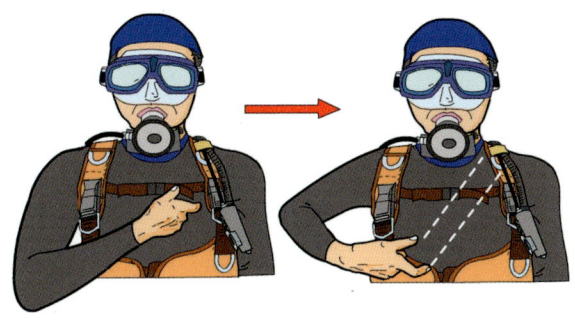

엄지와 검지, 손가락 2개로 어깨로부터 아래로 사선을 긋는다. 마치 황실의 전통적 어깨띠를 걸치고 있는 듯한 기분으로...

Longface Emperor

Snapper와 유사한 어종으로 열대해역에서만 볼 수 있다. 대부분 은빛이나 회색 몸통에 두꺼운 입술, 튀어나온 주둥이를 가졌고 몸길이는 30~70cm 정도다. Drop-off 근처 얕은 수심에서부터 70m 깊이까지 내려가 Hovering하는 것을 발견할 수 있다고... 혼자서 다니거나 Small Group으로 다니는 경우가 많다. 낮보다는 밤에 포식 활동을 한다. Bream 종류도 Emperor Group에 속한다고 한다. Longface Emperor 외에 Longfin Emperor, Yellowfin Emperor, Striped Bigeye Bream 등이 있다.

불산호
Fire Coral

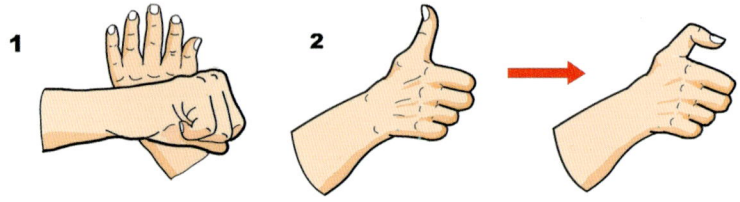

1단계 Coral 수신호   2단계 라이터의 불을 켜는 시늉을 한다.

Fire Coral

전 세계 열대 및 아열대 해역에서 발견되는데, 조류의 광합성 속도가 매우 빨라 햇빛이 풍부하고 강한 해류와 따뜻한 물이 있는 얕은 수심에서 많이 번식한다. 칼날 모양으로 위로 죽죽 뻗으며 대부분 노란색이거나 주황색이지만 갈색, 녹색, 심지어 파란색 음영을 띠는 것도 있다고… 다이버들이 우연히 피부 접촉을 하게 되면 심한 통증을 유발하기 때문에 주의해야 한다.

말미잘
Anemone

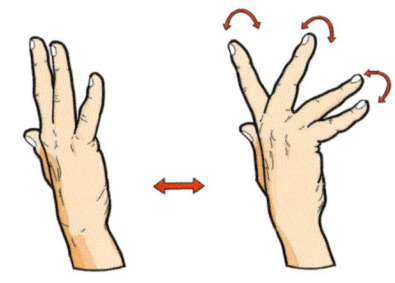

손가락을 모두 편 다음 움직거린다.

Anemone

열대바다에 서식하는 수 많은 종류의 Anemone(말미잘) 역시 동물로 입 주변에 있는 꽃입 모양의 촉수가 아름답게 보이나 맨손으로 함부로 건드리면 위험할 수 있다. 보통 때에는 촉수를 벌리고 있다가 다가오는 먹이를 잡아 강장으로 집어삼켜 소화한다. 새우를 먹었을 경우 한참 후 껍질만 내뱉는다고 한다. Anemonefish들은 Anemone를 집으로 삼고 공생관계를 유지하는데, 다이버들이 사진을 가장 많이 찍는 장소일 것이다.

부채산호
Sea Fan

Sea Fan

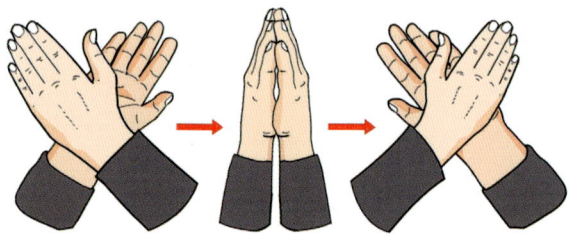

양쪽 손가락을 곧게 펴서 손바닥을 X자로 서로 붙인다. 그런 다음 손바닥을 떼지 않고 비벼서 천천히 안팎 위치를 바꾼다.

Sea Fan

Gorgonian Sea Fan이 대표적인데 수중에서의 그 모습은 화려하고 웅장하여 그냥 지나치지 못할 만큼 감동적이다. 대부분 황갈색이거나 붉은색 계통으로 아주 커다란 부채 모양의 Sea Fan은 해류를 따라 이동하는 작은 동물 플랑크톤들을 넓은 그물을 친 것처럼 낚아챈 다음 촉수를 내밀어 잡아먹는다. 식물처럼 보이지만 확실하게 동물이다.

조개
Clam

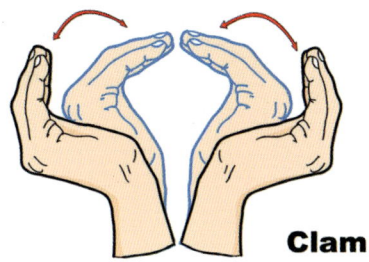

Clam

양쪽 손, 손목을 맞대어 마치 작은 컵 모양을 만든 후 양쪽 손가락을 천천히 오므렸다가 떼었다가 하는 동작을 반복한다.

Clam

보통 패각이라는 껍질 2개에 쌓여 있는 연체동물로 굴, 홍합, 가리비, 모시조개 등도 다 여기에 속한다. 전복이나 뿔소라 같은 복족류나 마찬가지로 입, 위장, 심장, 콩팥 그리고 신경계통까지 다 존재한다. 그러나 눈이 없어서 시각도 없다. 굴이나 홍합은 고정위치에 부착되어 있어서 움직일 수가 없으나 가리비 같은 종류의 Clam들은 조금씩 이동할 수 있다.

대왕조개
Giant Clam

양쪽 손, 손등을 마주 보게 한 후 손가락을 안쪽으로 넣어 깍지 끼고 나서 양팔을 안쪽으로 모은다.

Giant Clam

패각이 2개인 연체동물 중 지구상에서 가장 큰 해양생물. 패각 직경이 120cm 정도나 되는 것도 있으며 수명도 무려 100년이나 된다고... 플랑크톤 종류가 먹이인데 필터로 걸러서 흡입한다고 한다. 공생관계에 있는 해조류가 Giant Clam에게 보완적인 양분을 공급한다고 알려져 있고 인간에게는 위험하지 않은 해양생물이라고 한다.

바다민달팽이
Sea Slug

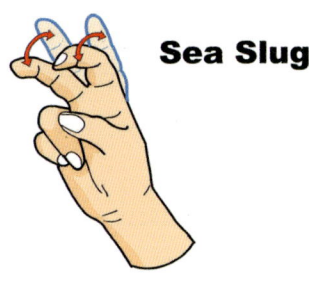

한쪽 손을 주먹 쥔 상태에서 검지와 중지를 편다. 그 두 손가락을 꼬물거리듯 굽혔다 폈다 한다.

Nudibranch

Nudibranch(나새류)라는 이름으로 더 많이 알려져 있다. Nudibranch는 그 종류가 너무나 많아 학명으로나 기록되고 있는데, 3,000종도 넘기에 싸잡아 그냥 Nudibranch 중에 하나라고 한다. Nudibranch라는 연체동물은 기본적으로 Shell이 없는 Sea Snail이다. 모양새도 각각 흥미로우며 매우 작고 아름다워 마크로 렌즈를 애호하는 수중 사진작가들의 중요한 오브제가 되고 있다.

바다달팽이
Sea Snail

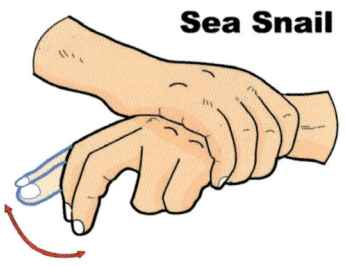

한 손으로 다른 쪽 손등 부분을 잡는다. 잡힌 손은 주먹을 쥔 상태에서 검지와 중지를 펴서 아래위로 꼬물거리듯 움직인다.

Sea Snail

해양복족류로 그 하위에 있는 대표적인 연체동물이다. Sea Slug와 달리 나선형의 Shell(껍질)이 있다. Sea Snail 중에 아주 큰 것은 그 길이가 90cm나 되는 것도 있다고... 대부분의 Sea Snail은 Diver에게 위협적인 경우가 없지만 Cone Snail이라는 종류는 독 있는 이빨을 갖고 있어서 위험하며 간혹 치명적일 수도 있다고...

무늬개오지
Cowry

양쪽 손을 주먹을 쥔 후 두 주먹이 바깥쪽을 향하도록 한 채로 서로 맞대게 한다.

Cowry

Sea Snail의 일종으로 달걀 모양이 특징이다. 껍질이 아주 빛나고 매끄럽고 화려한 색깔이라 아프리카 원주민들이 여러 세기 동안 이 Cowry를 화폐로 사용하였다는 기록이 있다. 화폐뿐만이 아니라 보석이나 장신구 또는 부적으로 사용되기도 했다고... 물속에서 살아 있는 Cowry는 대부분 mantle(외투막)으로 씌워져 있어 식별이 쉽지 않다. Atlantic Deer Cowry는 길이가 19cm 정도로 크지만, 나머지 대부분의 Cowry는 3~5cm로 작은 편이다. 너무 예뻐서 수집하는 사람도 있다.

문어
Octopus

한쪽 손의 손목을 턱 밑에 갖다 대고 손가락은 모두 아래로 향한다. 그런 다음 손가락을 좌우로 흔들어 댄다.

Octopus

4쌍, 8개의 길이가 같은 다리가 있고 좌우 대칭형이다. 앵무새 부리를 닮은 키틴질의 입 외에는 완전히 연체동물이지만 무척추동물 중 지능이 가장 높다고 한다. 신경계통이 고도로 발달되어 몸의 무늬와 색깔을 자유자재로 변화시킬 수 있고, 그 변화로 서로 의사소통을 하며 암, 수컷 사이에서도 감정을 전달한다고 한다. 위험에 처하면 먹물을 쏘아 시야를 흐리게 하며 도망간다. 몸의 모양을 알맞게 바꿀 수 있어서 작은 틈새로도 들어갈 수 있고 위장술에도 능하다. Diver는 독성이 강한 Blue-ringed Octopus를 조심해야 한다.

오징어
Squid

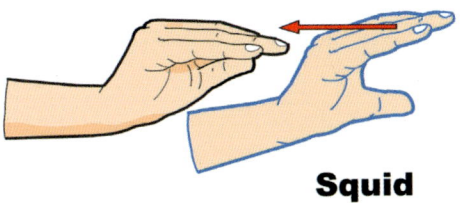
Squid

한 손의 다섯 손가락 끝을 펼쳤다가 모았다 하는 동작을 수평선 상에서 뒤로 빼며 반복한다.

Squid

다리가 머리 바로 밑에 달려있기에 두족류로 부르는 Squid(오징어)는 강한 8개의 다리와 촉수가 있고 먹잇감을 잡을 때와 짝짓기할 때에 쓰는 2개의 긴 다리가 달려있다. 문어와 달리 총 10개의 다리가 있다. 문어와 같이 신경계통이 잘 발달되어 있으나, 다른 점은 몸통 양옆으로 망토처럼 생긴 큰 지느러미가 있어 수영이 선수다. 다른 동물에게 위협받을 때는 먹물을 내뿜어 적의 시야를 흐리게 하면서 도망간다.

크리스마스 트리 웜
Christmas Tree Worm

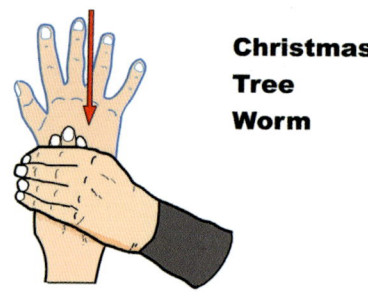

Christmas Tree Worm

손바닥이 자신을 향하고 각 손가락이 펴지게 한 상태에서 다른 손으로 그 손목을 가볍게 쥔다. 그 다음 위쪽 손이 손목 잡은 손 속으로 쏙 내려가면서 숨는 듯한 동작을 한다.

Christmas Tree Worm

이름 그대로 크리스마스에 화려하게 장식하는 전나무 모양이다. Segment로 나뉘어 있는데 하위 부분이 원통 모양의 굴속에 단단히 부착되어 있다. 흔히 볼 수 있는 위쪽 나선형 촉수는 3.8cm 정도. 위험이 감지되면 재빨리 굴속으로 숨는다.

새우
Shrimp

Shrimp

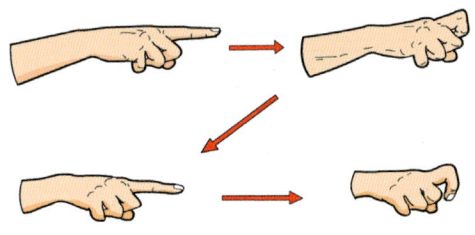

검지를 폈다 구부렸다 하면서 손을 바깥쪽으로 이동시키는 동작을 한다.

Shrimp

작고 호리호리하게 생긴 갑각류의 일종으로 헤엄치기 선수인 것이 복부의 기다란 근육질이 잘 발달되어 있어 헤엄치는 다리 역할을 하기 때문이다. 아래에 붙은 여러 개 튼튼한 다리들은 해저에서 잘 기어 다닐 수도 있게 최적화되어 있다. 연안 산호초대에 서식하는 Shrimp만 해도 그 종류가 헤아릴 수도 없이 많으나 다이버들이 관심 갖고 찾아보는 종류로 Cleaner Shrimp, Boxer Shrimp, Commensal Shrimp, Coral Shrimp, Harlequin Shrimp, Ghost Shrimp 등이 있다.

청소새우
Cleaner Shrimp

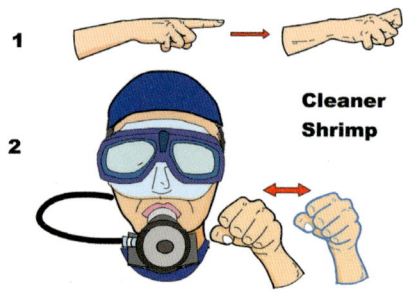

1단계 Shrimp 수신호를 한다.   **2단계** 칫솔로 이를 닦는 동작을 한다.

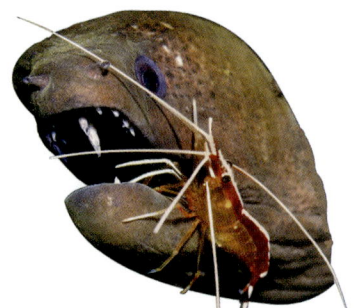

Cleaner Shrimp

자신보다 큰 물고기와 청소로 공생관계에 있는 갑각류의 외래종이다. 물고기로서는 자기 몸에 붙은 기생충이나 음식 찌꺼기를 청소해 주는 대신 Cleaner Shrimp는 영양분을 섭취하는 이점이 있기에 공생한다고... Cleaner Shrimp는 흔히 산호초 해역에서 Cleaning Station을 형성하고 물고기들은 고객이 되어 주기적으로 이 곳을 방문한다.

게
Crab

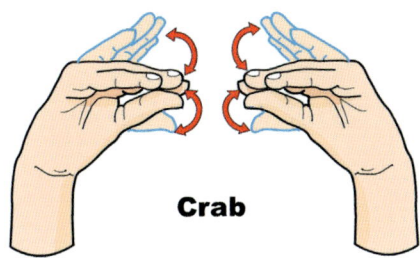

Crab

양쪽 손, 손가락으로 동시에 움켜쥐었다가 펼쳤다 하는 동작을 한다. 게가 집게발로 집는 모양을 표현하는 수신호다.

Crab

마디가 있는 절지동물 중 갑각류에 속하며 한 쌍의 집게발, 단단한 바깥 껍질, 흉곽 아래로 내려가 축소된 복부가 특징이라고 한다. 집게발 외에 4쌍의 튼튼한 다리가 있는데 해저에서 걷는 것에 적합한 형태다. Lobster 종류와 달리 Crab은 옆으로만 걷는다. 종류에 따라 그 크기가 몇 mm에서부터 4m에 이르기까지 다양하다. 우리나라에서 식용으로 유명한 영덕대게는 크기가 커서 대게가 아니라 다리가 마치 대나무를 닮았다고 하여 대게라고 부른다고 한다. 영덕게는 수심 200~300미터의 진흙이나 모래바닥에서 산다고...

집게
Hermit Crab

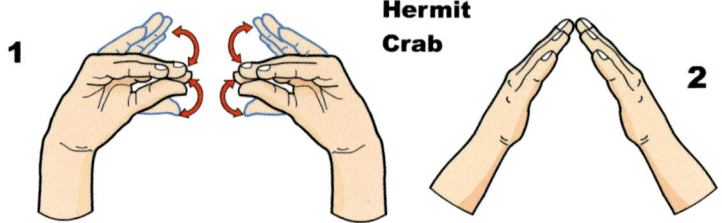

1단계 Crab 수신호를 한다.

2단계 양쪽 손바닥이 마주 보게 한 후 손가락을 곧게 펴고 손가락 끝이 서로 닿게 한다. 2단계는 집을 암시한다.

Hermit Crab

비어 있는 소라나 고둥의 껍질을 찾아 들어가 보금자리로 삼고 살아가는 게 종류다. Hermit Crab이 자라서 집안이 비좁아지면 자기 몸에 맞는 다른 껍질을 찾아 바꾸어 들어가 산다. Hermit Crab은 크기가 몇 mm에서 10~20cm에 이르는 것도 있다. Hermit Crab들은 가까이 가면 껍질 속으로 쏙 들어가 숨어 버린다.

가시관불가사리
Crown of thorns

한쪽 손을 머리 위에 얹은 다음 모든 손가락을 쫙 편다.

Crown of thorns

산호 군락지에 서식하면서 산호 폴립을 주식으로 하는 불가사리로 생긴 모습이 마치 그리스도 최후의 날, 로마 병정이 머리에 씌워준 가시관 같다고 하여서 그런 이름이 붙여졌다. 인도-태평양 해역에 분포하며 오스트레일리아 해역에서 가장 많이 볼 수 있다. 약칭으로 COTS라고 부르는데, 산호초를 황폐화시키는 주범으로 지역에 따라 악마불가사리라고도 부른다.

갯가재
Mantis Shrimp

가장 멋진 복싱 자세를 만들어 보인다.

Mantis Shrimp

갑각류로 분류되는 새우의 일종으로 서아프리카 해역으로부터 인도-태평양, 일본 남쪽 바다, 호주와 하와이 해역까지 널리 분포하며 주로 모래나 산호로 만들어진 굴속에서 산다. 밝은 초록색 Body에 컬러풀한 몸매이며, 특화된 눈을 갖고 있다. 몸크기는 18cm까지 자란다고. 주먹같이 생긴 집게발 앞다리의 강한 펀치로 무척추동물이나 작은 물고기를 가격하여 포식 활동을 한다. 실제 Mantis Shrimp의 주먹에 맞은 다이버가 말하기를 망치로 맞은 느낌이었다고 한다.

배도라치
Blenny

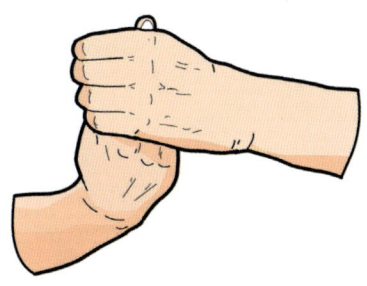

한 손의 검지를 다른 손으로 감아쥔 후 재빠르게 밑으로 빼는 동작을 반복한다.

Blenny

매우 작은 몸집으로 800종이 넘는다고 한다. 생김새는 대부분 길쭉하며 뭉툭한 머리, 붙어 있는 등지느러미, 비늘이 아니라 뱀장어 같은 외피를 한 은둔형 물고기로 주로 바다 바닥에 있는 암초의 틈새, 죽은 연체동물의 빈 껍질이나 모래에 굴을 파고 그 안에서 서식한다. 가끔 밖으로 나와 다니는데 헤엄친다기보다는 톡톡 뛰어다닌다고 해야 할 정도로 빠르게 피난처로 숨어버리는 모습을 볼 수 있다.

망둥어
Goby

두 손을 얼굴 앞에 붙이고 있다가 재빠르게 숨는 동작을 한다.

Goby

1,500 종을 넘는 큰 어류 Family지만 몸길이가 대부분 10cm 미만인 작은 어종으로 완전히 성장하였을 때 길이가 1cm 이하인 종도 있다고... 대체적으로 머리가 크고 눈이 머리 꼭대기에 위치하며 몸이 뾰족하게 꼬리 쪽으로 점점 가늘어진다. 아열대 바다는 물론 전 세계 해역에 널리 분포되어 있으나 종류에 따라 서식지역이 매우 다르다. 매우 부끄럼타서 해저 산호초 군락지에 굴을 파고 사는데 아주 작은 무척추동물이나 어류의 알(egg), 새끼 물고기 등을 잡아먹고 산다. 간혹 작은 새우와 공생하기도 한다.

해삼
Sea Cucumber

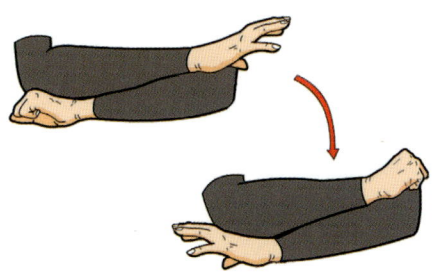

한쪽 팔을 다른 팔 위에 겹쳐 올려놓은 다음 위쪽 손으로 무언가 먹는 시늉을 하고 아래쪽 손으로는 무언가를 내뱉는 듯한 동작을 반복한다.

Sea Cucumber

극피동물에 속하는 무척추동물이지만 가시가 없고 Cucumber(오이)모양이라 그런 이름이 붙었다. 전 세계 해양에 분포되며 식용이 되는 종이 많아 우리나라에서는 술안주로 많이 쓰인다. 해저에서 기어 다니며 동물의 사체나 유기물 찌꺼기를 먹는 청소부 역할을 한다. 입과 항문이 서로 반대쪽에 있는데, 물고기가 다가와 먹으려고 하면 국수처럼 생긴 끈끈한 창자를 내뱉어 물고기가 창자를 떼거나 먹는 동안 유유히 도망간다. 창자는 곧 다시 생기기 때문에 이것을 방어수단으로 사용한다고…

유령 파이프피쉬
Ghost Pipefish

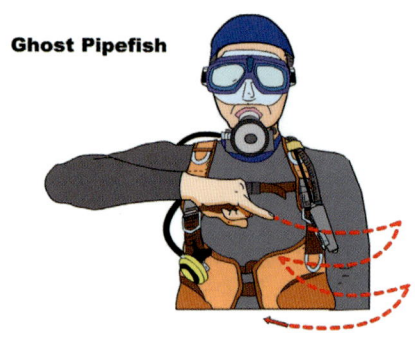

Pipefish Sign으로 시작하여 마치 나무 잎사귀가 떨어지듯 아래로 점점 내려가는 동작을 한다.

Ghost Pipefish

괴이하게 생겨서 한 번 보면 절대 잊지 못할 모습인 Ghost Pipefish(유령 파이프피쉬)는 기다란 주둥이에 갸름한 몸통, 커다란 지느러미가 있고 몸에는 수많은 Skin Flaps(피부에 늘어진 조직)이 달려 있으며 몸통에는 여러 가지 색깔의 줄무늬나 점이 보인다. 인도-태평양 해역에 널리 분포되어 있으며, 산호초나 해초의 밑둥, 또는 부채산호 속 등 안전한 곳에 숨어 산다. 플랑크톤이나 작은 무척추동물이 먹이다. 헤엄칠 때 머리를 아래로 하고 헤엄치며 숨어 있을 때도 거꾸로 매달려 있는 경우가 많다.

청소놀래기
Cleaner Wrasse

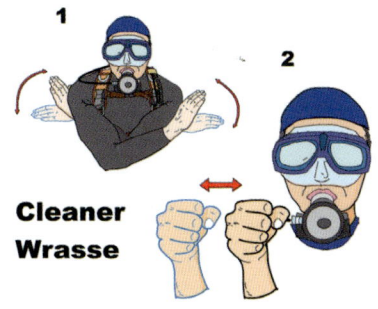

1단계로 Wrasse 수신호, 2단계로 칫솔질하는 시늉을 한다.

Cleaner Wrasse

동아프리카에서 인도-태평양까지 넓은 해역의 산호초대에 분포된 Wrasse 중 하나다. 큰 물고기의 구강 내, 아가미, 혹은 피부에서 기생충이나 탈락된 각질을 먹고 사는 상호 공생관계에 있다. Bluestreak Cleaner Wrasse를 예로 들면 평균 몸길이 10cm. 눈에서 꼬리까지 몸 전체를 가로지르는 검은 색 줄무늬가 특징으로 Cleaning Station에서 자주 발견된다.

성대
Gurnard

양쪽 손을 가슴 양쪽 옆에 갖다 댄다.

Flying Gurnard

Scorpionfish와 같은 계열에 있으며 7종이 알려져 있다. 해초가 많은 모래나 진흙 같은 해저에서 살며 먹이 활동을 하는 저서 어류로 가슴지느러미가 매우 크게 발달한 것이 특징이다. 몸길이는 30cm까지 자란다고... Flying Gurnard를 예로 들면 위협을 받는 경우 부채같이 생긴 가슴지느러미를 활짝 편 다음, 길고 가는 뒷지느러미를 똑바로 세워서 경고하는 듯한 모습을 보인다. 다른 물고기나 마찬가지로 헤엄도 치고 배지느러미로 걷기도 하지만 날개처럼 보이는 이 가슴지느러미로 짧은 거리를 날아가기도 한다. 실제 물 밖으로 나와 날지는 못한다.

뱀장어
Snake Eel

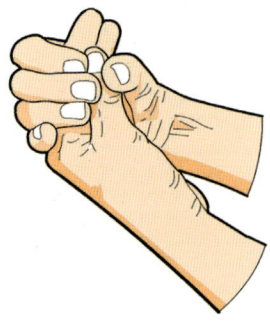

한쪽 손의 손가락을 모은 후 다른 손으로 감싸 쥔 다음 내민 손가락 끝이 마치 지금 막 튀어나온 것처럼 보이게 한다.

Spotted Snake Eel

열대 및 온대 해역에 널리 분포되고 있다. 육상에서 살다가 바다로 들어가 수중에서 살게끔 진화된 파충류인 Sea Snake를 닮았으나 Snake Eel은 뱀과는 다른 물고기다. 따라서 등지느러미는 보이지만 Sea Snake에서 보는 Scale(비늘)이 없고 꼬리가 Sea Snake처럼 넓적하지 않고 뾰족하다. Moray Eel처럼 공격적이지 않고 온순하여 대부분 해저에 굴을 파고 들어가 사는데 다이버를 보면 은신처로 도망가기 바쁘다. Spotted Snake Eel 외에 Banded Snake Eel, Marbled Snake Eel 등이 있다.

상사줄자돔
Sergeant Major

손가락 검지, 중지, 약지를 펴서 어깨 위에 얹어 마치 견장의 줄 3개처럼 보이게 한다. Sergeant Major의 의미가 미 육군과 해병대의 원사라는 뜻이기 때문이다.

Sergeant Major

300가지 이상의 Damselfish 중 하나로 은회색 몸통에 청색 내지 검은색의 세로 줄이 5개 있다는 것이 특징인데, 꼬리지느러미는 갈라져 있으며 등쪽은 노란색이고 평균 몸길이가 15cm, 최대 22cm까지 자란다. 인도-태평양 해역의 산호초가 많은 12m 전후 수심에 많이 몰려서 서식한다. 플랑크톤이 주식이지만 Algae(해조류)나 작은 무척추동물도 먹는다고…

매퉁이
Lizardfish

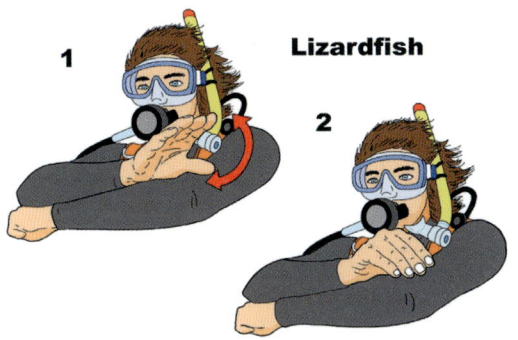

한쪽 팔을 다른 쪽 팔뚝 위에 얹은 다음 손가락을 한껏 벌렸다가 마치 입으로 무언가 재빨리 잡아채는 듯한 동작을 한다.

Lizardfish

열대 및 아열대 해역에 분포되어 있으며 주로 산호초군의 바닥에 서식하는 어류로 35종이 있는데, 생김새가 어뢰 모양으로 길쭉한 원통형이고 도마뱀처럼 생긴 머리는 몸집에 비해 약간 크다. 몸 길이가 대부분 20cm 전후다. 매우 큰 입과 수많은 뾰족한 이빨로 먹이를 포획하는데 그 동작이 매우 빨라 Fast Hunter라고 부른다. 주의 깊게 관찰한다면 Lizardfish가 먹이를 잡아먹는 현장, 즉 꼬리부터 입에 물고 산채로 단숨에 재빨리 꿀꺽 삼키는 장면을 발견할 수도 있을 것이다. Lizard는 도마뱀이라는 뜻이다.

철사산호
Wire Coral

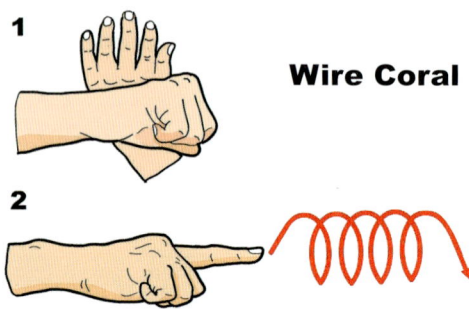

1단계 Coral Sign.　**2단계** 검지를 펴서 연속적으로 나선형 모양을 그린다.

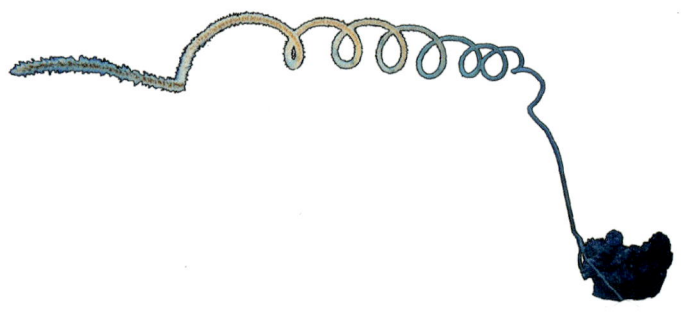

Wire Coral

Black Coral Family로 나선형으로 꼬인 철사 같은 모양이다. 황색 계통이 많고 그 외 적색, 청색, 녹색 등 다양한 색상을 띠고 있으나 Black Coral의 특징적인 검은 골격을 이루고 있다. 열대 및 아열대 해역에 흔히 분포되고 있는데, 길이는 3m까지 자라며 수심 15m에서 50m 이상의 깊이에서도 발견된다. 모든 다른 산호나 마찬가지로 Polyp으로 구성되며 촉수가 있어서 동물성 플랑크톤이나 작은 물고기 알을 먹이로 포획한다고...

스쿠버 다이빙 수신호의 모든 것

제 ⑥ 장

ENVIRONMENT SIGNALS

환경에 관한 신호

수온(水溫) Temperature

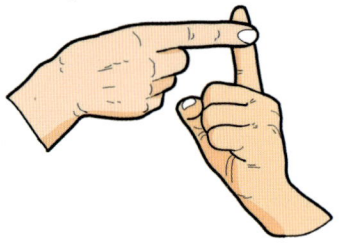

양쪽 손 주먹에서 검지만 편다. 편 두개 손가락으로 옆으로 누운 T자 모양을 만든다.

이 신호 뒤에는 현재 수온을 가리키는 Number Signal(숫자 신호)가 뒤따르게 된다. 특히 남보다 얇은 Suit를 입고 입수한 다이버가 수심 깊이 내려갈수록 수온에 신경을 써야 한다.

수온이 올라가 Temperature Rising

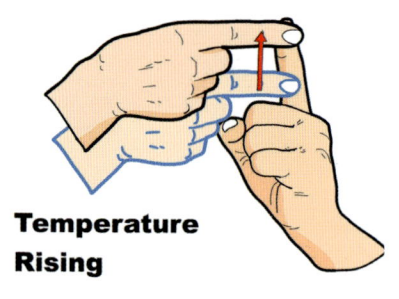

Temperature 신호를 먼저 한 후에 수평으로 편 손가락을 위로 올린다.

간혹 이 신호 뒤에는 현재 수온을 가리키는 Number Signal 숫자 신호가 뒤따르게 된다.

수온이 떨어져 Temperature Falling

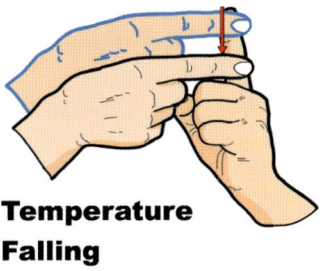

Temperature Falling

Temperature 신호를 먼저 한 후에 수평으로 편 손가락을 아래로 내린다.

간혹 이 신호 뒤에는 현재 수온을 가리키는 Number Signal 숫자 신호가 뒤따르게 된다. 수온이 갑자기 떨어질 경우 얇은 Suit를 착용한 다이버는 다른 사람들보다 빨리 저체온증을 경험할 수 있음을 유념하여야 한다.

수온약층(水溫躍層) Thermocline

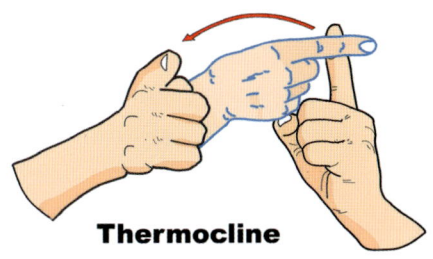

Thermocline

Temperature 신호를 한 뒤 수평으로 편 검지를 바깥쪽을 향해 곡선을 그리며 움직인다.

Thermocline은 해양 수중에서 수온이 급격히 변하는 얇은 층을 말한다. 즉 상부 수면 쪽의 따뜻한 물과 해저의 밀도가 높고 차가운 물, 즉 서로 다른 두 층의 경계에 해당하는 층이다. 때로는 Scuba Diver가 그 온도의 변화를 피부로 느끼지 못할 경우라도 반짝반짝 빛나는 유리 모양 또는 아지랑이 같이 나타나는 이 얇은 층을 눈으로 볼 수가 있다.

해류(海流), 조류(潮流) Current

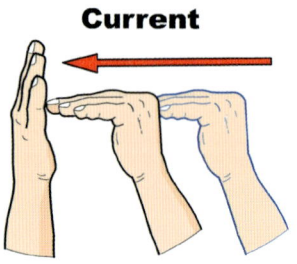

한쪽 손의 손가락 전체를 곧게 편 다음 손바닥이 측면을 향하게 수직으로 세운다. 다른 쪽 손은 90도 각도가 되게 손가락을 구부린다.
그 구부린 손이 수직으로 세운 손바닥을 향하여 수평으로 움직이는 동작을 한다.

그 동작이 빠를수록 해류의 유속(流速)이 빠르고 강하다는 것을 의미하게 된다. 조류의 유속이 빠를수록 조난을 당할 확률이 높아진다는 것을 기억하라.

상승해류 Upwelling

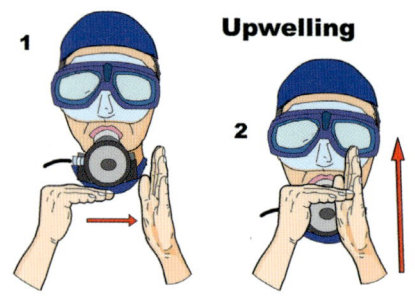

상승해류는 수표면과 마찰하는 바람의 영향을 받아 수표면 바로 아래의 물이 위로 올라오고 그 현상이 연쇄적으로 작용, 해저의 찬 물이 수표면으로 올라오면서 영양분도 같이 상승하여 수중환경이 어류가 생존하기 좋은 상태가 유지된다고 한다. 해안의 수중지형에 따라 상승해류가 아주 빠른 경우가 있는데 이러한 현상을 이해하는 다이버는 상승하게 되어도 크게 동요하지 않을 것이다.

Current(해류)의 신호를 한 상태에서 두 손을 함께 위로 올린다.

하강해류 Down Current

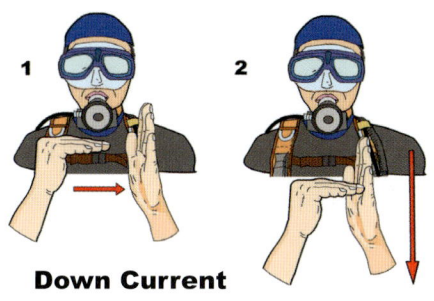

Current(해류)의 신호를 한 상태에서 두 손을 함께 아래로 내린다.

Down Current가 있는 지형에서는 특별한 주의가 필요하므로 가까이 가기 전에 미리 서로 간에 알려 주어야 한다. 상승 또는 하강해류를 만났을 경우 해류 방향을 거슬러서 헤엄치기를 계속하는 것은 자칫 근육피로를 불러 사고를 유발할 수 있으므로 침착하게 해류 방향에서 옆쪽으로 이동하여 그 이상해류를 벗어난 후 원 위치로 이동할 것을 권한다.

수심(水深)이 얕다 Shallow

수심이 얕거나 깊다고 하는 것은 절대적인 수치로 측정하여 표현하는 것이 아니라 다이버에 따라 다른 상대적인 표현이다. 그러나 어떤 특정한 수중지물을 찾고 있거나 특정 해양생물을 발견하기 위하여 입수했는데 여기는 좀 아니다라는 생각이 들었을 때 더 내려가기 전에 이 신호를 사용할 수 있을 것 같다.

한쪽 팔을 자기 몸 앞에서 팔꿈치를 구부려 45도 각도를 이루되 손가락은 펴고 손바닥은 아래를 향한 상태로 만든다. 다른 쪽 손은 주먹에서 검지만 편 다음 그 검지로 반대편 손가락을 가리킨다.

수심(水深)이 깊다 Deep

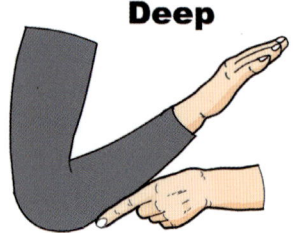

한쪽 팔을 자기 몸 앞에서 팔꿈치를 구부려 45도 각도를 이루되 손가락은 펴고 손바닥은 아래를 향한 상태로 만든다. 다른 쪽 손은 주먹에서 검지만 편 다음 그 검지로 반대편 팔꿈치를 가리킨다.

깊은 수심으로 내려갈수록 컴퓨터를 자주 살펴서 '데코'에 걸리지 않도록 주의해야 한다.

모래 혹은 침전물 해저(沈澱物 海底) Sand or Sediment

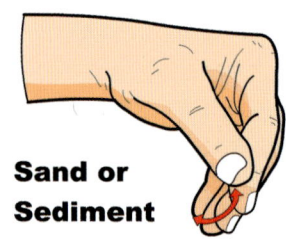

엄지로 검지와 중지의 끝을 문지른다. 해저가 모래로 덮인 해역이거나 침전물로 덮인 해저를 표현할 때 이 신호를 사용한다.

침전물이 많은 해역에서는 오리발이 해저에 닿지 않도록 한다는 각별한 주의가 필요하다. 미꾸라지 한 마리가 물 전체를 흐리게 함을 기억하라.

돌 또는 바위 해저 Stone or Rock

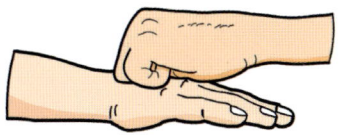

한쪽 손의 손바닥을 아래로 수평으로 한 후 다른 쪽 주먹을 그 위에 올려놓는다.

돌 또는 바위로 형성된 해저에서는 바위 사이 사이에서 또는 바위 밑에서 발견되는 어류나 갑각류가 많기 때문에 건성으로 지나가면 아무 것도 발견하지 못한다.

수중동굴(水中洞窟) Cave

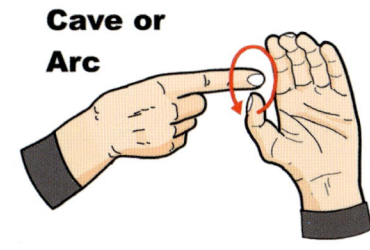

한 쪽 손을 영문자 C자 모양으로 만든다. 다른 쪽 손은 주먹에서 검지만 편다. 그 검지를 C자 모양 입구로 향하게 한 다음 원을 그리는 동작을 한다.

레크리에이션으로 하는 오픈 워터 다이버는 특별한 훈련을 받기 전에는 동굴이나 혹은 다른 종류로 머리 위에 무언가 있는 곳(예를 들면 난파선)에서 다이빙을 해서는 안 된다.

드롭 오프, 절벽 Drop-Off

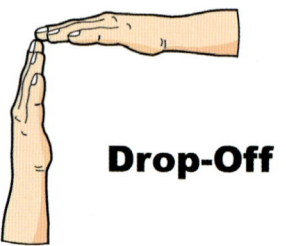

한쪽 손은 수평으로 다른 쪽 손은 수직으로 곧게 편 후 손가락 끝이 서로 맞닿게 한다.

바위나 산호초 벽이 거의 수직으로 깊숙이 서 있는 곳으로 물살도 빠르고 대형의 회유어(回遊漁)를 볼 수 있는 해저지형 중 하나다.

수중에서 유영 중 Drop-Off가 아래쪽에 곧 나타날 경우, 버디에게 이 신호를 사용하여 미리 알려준다.

교량(橋梁), 잔교(棧橋) Bridge or Jetty

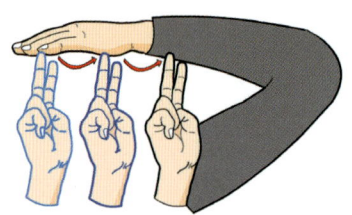

한쪽 팔꿈치를 굽혀 팔뚝이 수평으로 되게 유지한다. 다른 쪽 손은 주먹에서 검지와 중지를 약간 벌어지게 편 다음 수평을 유지하는 팔뚝 아래를 곡선을 그리면서 잇달아 점을 찍듯 이동시킨다. 마치 다리의 교각을 연상시키듯이..

열대 바다에서는 Jetty 밑 부분에서 의외로 다양한 작은 생물들을 만날 확률이 높다.

산호초 (珊瑚礁) Coral Reef

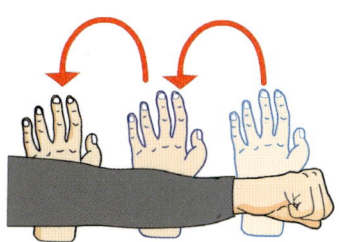

한쪽 팔뚝을 자신 앞에 수평으로 유지한다. 다른 쪽 손은 손바닥은 자신을 향하고 손가락은 약간 벌린 상태로 수평을 이룬 팔뚝을 따라 반쪽 원호를 그리면서 이동한다.

산호초는 일반적으로 Stony Coral에서 분비되는 Calcium Carbonate에 의해 형성된다. 산호초는 자연생태계에서 큰 역할을 담당한다. 산호초 해역이 전 지구 해저 면적의 0.1% 이하밖에 안 되지만, 모든 해양생물의 25%가 이곳을 서식지로 삼고 있다. 대체로 수온이 섭씨 26~27도라야 Stony Coral 종류가 잘 자라고 산호초를 형성할 수 있게 된다.

청소하는 장소 Cleaning Station

손바닥을 뺨에 갖다 대고 닦는 듯한 동작으로 원을 그린다.

Manta Ray 같은 대형 물고기가 몸통에 붙은 기생충들을 제거하기 위해 작은 Wrasse 종류들이나 새우 종류들이 모여 사는 이 곳을 방문하는데 이러한 곳을 Cleaning Station이라고 부른다. 겨드랑이를 닦는 시늉을 Cleaning Station이라고 정한 다이빙 단체도 있다.

동굴, 열린 굴, 구멍 Cave, Opening, Hole

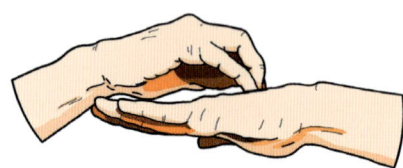

한쪽 손을 구부려 수평을 유지한 다른 쪽 손등 위에 얹어 놓는다.

수중 해저에는 깊은 동굴뿐만 아니라 동굴 안쪽 수면에서 하늘이 보이거나 수중에서 동굴 입구의 밝은 빛이 보이는 얕은 굴, 그리고 아래로 뚫린 구멍도 있다.

암초 가까이 머물러요 Stay close to the reef

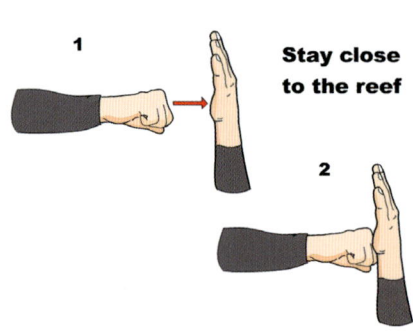

주먹 쥔 손이 수직으로 세운 다른 손을 향하여 빠르게 이동하여 닿게 하는 동작을 한다.

이안류가 있거나 해류가 매우 빠른 곳에서는 간혹 먼 바다로 흘러나가 조난사고를 겪는 경우가 있는데 이럴 때 가이드나 리더는 이 신호를 사용하여 암초나 산호초 가까이에 머물게 한다.

모래 주름 Sand Wrinkles

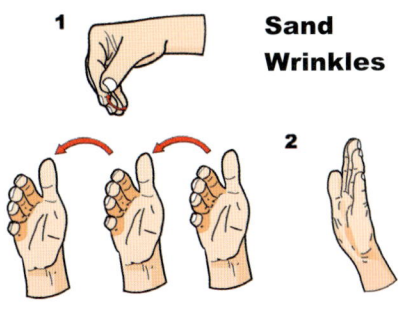

1번 모래 신호를 먼저 한 후에 자신의 몸 앞에다 양쪽 손을 내 보인다.
그런 다음 한 손이 다른 손에서 멀어지면서 칼로 토막 내는 듯한 2번 동작을 한다.

모래로 형성된 해안의 해저에 파도에 의해 모래가 운반되어 해안선에 평행으로 높고 낮은 곳이 가늘고 길게 이어져 있는 모양이 마치 주름잡아 놓은 듯이 보이는 지형을 말한다. 이런 지형은 Navigation의 유용한 지표가 된다. Sand Wrinkles를 직각으로 진행할 때 주름 간격이 점점 좁아지고 있으면 얕은 곳으로 나가고 있다는 증거다.

파도(波濤) Waves

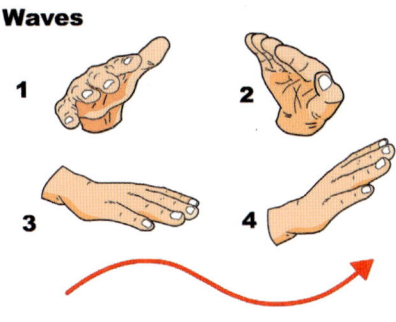

손으로 파도치는 모습을 흉내낸다.

음파(音波)나 전파(電波)도 '파'라고 하지만 물에서의 '파'는 바람에 의하여 물 표면에서 일어나는 것을 의미한다. 공기의 흐름이 물 표면과 마찰하면서 바람의 세기가 물의 표면장력보다 높을 때, 물 입자는 원운동을 하며 수면의 기복이 전달되어 높고 낮은 곳이 생기면서 파도를 만들게 된다.

달 Moon

자신의 머리 옆에다 영어 알파벳 C자 형상을 해보인다.

물속에서 달을 보게 될 경우는 거의 없겠지만 달과 지구와 해의 위치에 따라, 즉 사리냐 조금이냐에 따라 조류의 세기 또는 만조, 간조의 차이가 생김을 기억해야 한다.

해 Sun

자신의 머리 옆에서 검지로 원을 그린다.

하늘이 맑은 날, 수중에서 수면을 올려다 보면 멋진 해를 볼 수 있다. 주위가 어두워지면 해가 지고 있음을 의미한다.

해안(海岸) Sea Shore

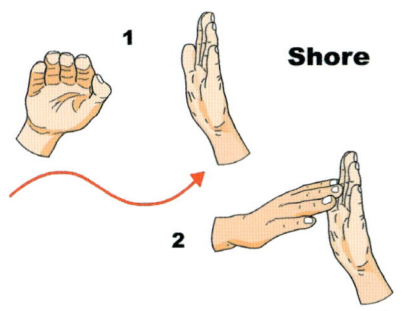

219p 파도 신호로 시작한 손으로 수직으로 세운 손에 충돌하게 한다.

Sea Shore와 같은 개념의 단어로 Seaside, Seacoast, Seaboard, Beach 등이 있다.

유물(遺物) Hangover

팔뚝을 수직으로 세운 손 위에 수평으로 움직이지 않게 고정하고 있다가 한쪽으로 늘어뜨리게 한다.

해저에는 난파선에서 흘러나오거나 지진 등의 이유로 육지가 바다로 함몰되는 경우에 유물(遺物)이 남아 있을 수 있다. 우리나라의 신안 해역과 카리브해나 대서양에서의 난파선으로 인한 해저유물 등이 대표적이다.

부두(埠頭) Pier

검지와 중지 사이를 벌린 후 다른 쪽 손 아래를 향하도록 갖다 놓는다.

부두 근처에서 다이빙을 하게 될 경우는 상승 시 수표면 가까이 올라가면서 혹시 왕래하는 선박이 있지는 않은지 각별히 주의할 필요가 있다. 배의 프로펠러와 충돌하여 심한 상처를 입는 경우가 있기 때문이다.

협곡(峽谷) Canyon

양쪽 손가락이 서로 맞닿게 한 후 팔을 아래로 뻗어 수직의 알파벳 V자 모양을 만든다.

해저에 있는 대륙의 사면(斜面)에서 가파른 계곡을 말한다.

해저 봉우리 Pinnacle

양쪽 손바닥과 팔뚝을 함께 앞으로 모으면서 위로 치켜올리는 동작을 한다.

해저에도 육상이나 마찬가지로 산이나 들판도 있고 협곡이나 봉우리도 있다. 해저에서 솟은 봉우리 최고점이 수심 5m 정도만 되면 다이빙 끝나는 시점에 안전정지를 봉우리 위에서 편안하게 쉬면서 할 수 있는 다이버들의 멋진 다이빙 포인트가 될 것이다.

갈라진 틈, 크레바스 Crack / Crevasse

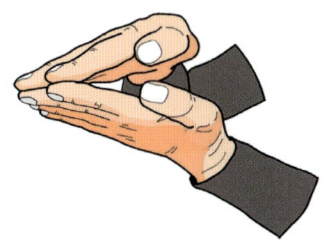

양쪽 손가락이 서로 맞닿게 하면서 알파벳 V자가 옆으로 누운 형상을 만든다.

우리나라 바다의 Crack이나 Crevasse에는 돌우럭 종류가 무리지어 숨어 지내는 것을 발견할 수 있다.

아치 Arch

양쪽 팔을 머리 위로 올려 손가락이 서로 맞닿게 하여 아치 모양을 만든다.

해저 지형 중에는 아치(Arch) 같이 생긴 특수한 지형도 있다. 대부분 수표면에서 파도에 의하여 부식되어 생긴 지형이 지각 변동에 의하여 수중으로 함몰된 것으로 추측된다.

해저 덫 Trap

양쪽 손목을 서로 맞닿게 한 후 덫을 열었다 닫았다 하는 시늉을 한다.

물고기나 게 등을 잡기 위하여 해저에 설치하는 통발이나 철사 또는 그물망 등으로 만든 덫을 말한다.

스쿠버 다이빙 수신호의 모든 것

제 ⑦ 장

EMOTION SIGNALS

감정에 관한 신호

좋아하는 것 Love

양쪽 손바닥이 마주 보게 한 후 엄지는 아래쪽에서, 나머지 네 손가락은 구부려 위쪽에서 서로 맞닿게 하여 Heart를 암시하는 모양을 만든다.

이 신호는 다이버가 보고 싶거나 경험하고 싶었던 무언가를 향하여 자신의 감정을 나타내는 신호로 쓰인다고...

공격적이다 Aggressive

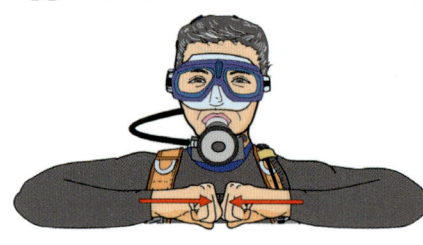

양측 손 주먹을 쥔 후 가슴 높이에서 서로 부딪치게 한다.

다이버는 공격적인 해양생물에 대하여 버디에게 주의를 환기시킬 때 이 신호를 흔히 사용한다. 간혹 리스크가 매우 클 때에는 51p Visible Danger 신호와 병합하여 사용할 수 있다.

소리내서 크게 웃자 LOL(Laugh Out Loud)

양쪽 손의 엄지와 검지를 펴서 영문자 L 자 모양을 만들되 호흡기 오른쪽은 손바닥이 밖으로 향하고 왼손은 손등이 밖으로 향하게 한 후에 호흡기 양옆으로 나란히 모아서 LOL 글자가 되게 만든다.

수중에서는 호흡기를 입에서 떼지 않고서는 웃을 수가 없기 때문에 다이버들은 웃어야 할 필요를 느낄 때 이 신호를 사용한다.

행복해 Happy

양쪽 손가락 끝을 모아서 호흡기 앞에 갖다 댄다. 그런 다음 마치 크게 입꼬리를 올려서 미소를 짓는 것 같이 입에서부터 광대뼈까지 양옆, 위쪽으로 곡선 따라 손가락을 올리는 동작을 한다.

다이버 중에는 공기통을 메고 물속으로 들어오는 순간부터 행복하다고 하는 친구도 있다. 세상만사 다 잊고 오직 숨을 쉬는 것만으로도 행복하다고...

슬퍼요 Sad

시무룩하게 기가 죽어 있는 다이버에게 무슨 일이 있냐고 물었을 때 개인적으로 슬픈 일이 있는 경우 이 신호로 답할 수 있을 것 같지만 정작 이 신호를 쓸 다이버가 얼마나 있을지 모르겠다. 필자의 견해로 보면 동해의 백화현상을 볼 때라던지 기형이 된 해양생물을 발견했을 때, 혹은 점점 황폐화하고 있는 해양환경과 맞닥뜨렸을 때 이 신호를 사용할 수 있을 듯하다.

입꼬리가 아래로 쳐지는 것처럼 슬퍼할 때의 입 모양을 표현하듯 양옆, 아래로 곡선 따라 손가락을 내리는 동작을 한다.

너무 멋져, 대박, 끝내준다 Too Cool

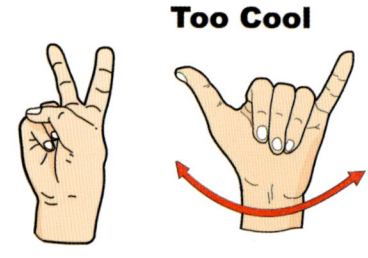

영어의 Too [너무, 몹시, 대단히]와 숫자 2를 말하는 Two의 발음이 같다는 데서 응용. Cool은 [시원한, 냉정한, 뻔뻔스러운] 등의 의미 외에도 Excellent와 가까운 뜻으로 [끝내주는, 훌륭한] 등의 의미도 내포하고 있다.

소위 'Hang Loose' 제스처로 불리는 SHAKA Sign은 Hawaiian Culture로 애초에는 Surfer들 사이에서 시작되었으나 Scuba Diver 사이에서도 유행했다. "I am having a good time!"을 표현하고 싶을 때도 이 신호를 사용한다고.

93p Two 신호를 먼저 한 다음 주먹 쥔 손에서 엄지와 새끼손가락만을 펴서 양옆, 또는 앞뒤로 돌린다.

싫증난다, 지루하다 Boring

한쪽 손 주먹에서 검지만 편다. 그 검지로 콧구멍을 파는 시늉을 한다.

해저까지 하강하여 한 방향으로 계속 진행하고 있는데 수중 지형의 변화도 없고 새롭게 나타나는 해양생물도 없고 그러면 지루할 수 있다.

어쨌든 난 상관 없어 Whatever(I Don't Care)

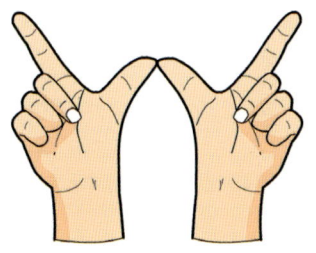

양쪽 주먹에서 엄지와 검지를 편다. 양쪽 손바닥을 밖으로 향하도록 한 후 엄지를 맞대게 하여 Whatever에서의 영문자 W자 모양을 만든다.

이 신호 역시 영어권의 Diving 환경에서는 잘 쓰는지 모르겠으나 우리나라에선 별로일 것 같다. 그러나 향후 Global Diver가 되려면 알아두는 것도 나쁘지는 않을 듯하다.

아차, 아이고, 이런 Oops

한쪽 손을 레귤레이터에 댄 후에 어깨를 으쓱하고 올린다.

캠브리지 사전에 의하면 Oops의 뜻이 [an expression of surprise or feeling sorry about a mistake or slight accident]이라고 한다.
우리말로 하면 위의 소제목 말고도 [이크, 에구머니, 저런, 야단났군, 미안, 아이구, 저런저런, 어렵쇼, 아뿔사, 실례, 앗!] 등으로 번역할 수가 있다고 한다.

고맙습니다 Thanks

아시아에서는 두 손바닥을 마주 보게 모은 후 고개를 숙여 인사한다.
서양에서는 한쪽 손을 가슴에 올려놓은 후 고개를 숙여 인사한다.

다이빙 중에 도움을 받았다면 어느 쪽 인사이건 상관없이 꼭 해야 될 때 잊지 않고 하는 다이버가 됩시다.

존경합니다 Respect

주먹으로 반대 편 어깨를 천천히 몇 번 두드린다.

이런수신호로 인사 받을 수 있는 다이버가 되시기를.

최고 다이빙이었습니다! Best Dive ever!

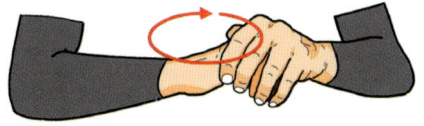

두 손을 맞잡고 자신의 몸 앞에서 빙글빙글 몇 번 돌린다.

멋진 다이빙을 했을 때 다이빙이 끝나기 전 버디끼리라든지 또는 인솔한 가이드나 리더에게 이런 신호로 자신의 느낌을 전할 수 있다.

술 한잔 사시게 You pay for the drinks

일행 중 한 다이버가 새로운 장비를 장착하고 있는 것을 보았을 때 또는 버디가 그간 운이 없어 매번 놓쳤던 해양생물을 드디어 보게 되었을 때 이런 신호를 날릴 만하다.

1단계 검지로 상대를 가리킨다.
2단계 엄지 손가락과 검지, 중지를 함께 비벼 돈을 세는 시늉을 한다.
3단계 잔을 비우는 동작을 한다.

스쿠버 다이빙 수신호의 모든 것

제 ⑧ 장

MISCELLANEOUS SIGNALS

잡동사니 신호

물고기 Fish

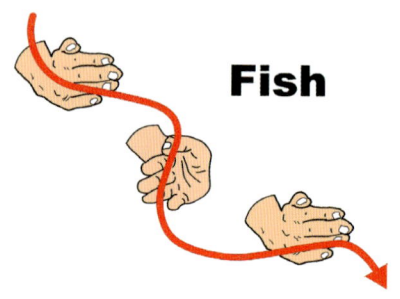

한쪽 손을 세우고 손바닥은 번갈아 양옆을 가리키면서 수평을 유지하며 진행하되 물고기가 꼬리지느러미와 몸통을 이용하여 앞으로 나가듯이 곡선을 그리며 움직이는 동작을 한다.

수중에서 물고기를 만날 수 있다는 것은 다이버에게 커다란 축복이다.
강이나 바다에서 스쿠버 다이빙을 할 때 물고기가 없는 다이빙은 너무나 심심할 것 같다.

물고기 떼 Schooling

양쪽 팔을 한껏 벌렸다가 머리 위에서 두 손끝을 마주 붙이는 동작을 반복한다.

물고기의 특성 상 '떼를 지어다니는 행위(Schooling)'를 좋아하는 종류로 Jackfish(Bigeye Trevally), Snapper, Barracuda, Mackerel, Herrings, Squirrelfish, Siversides, Glassfish 등 여러 종이 있다.

많다 Many

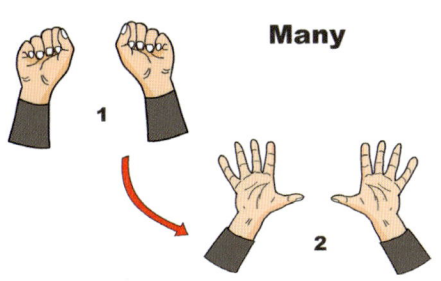

양쪽 손으로 주먹 쥐었다가 펼쳤다 하는 동작을 반복한다.

수중에서 해양생물에 관하여 많고 적음을 표시해야 될 경우가 상당히 많다.

남성, 수컷 Male

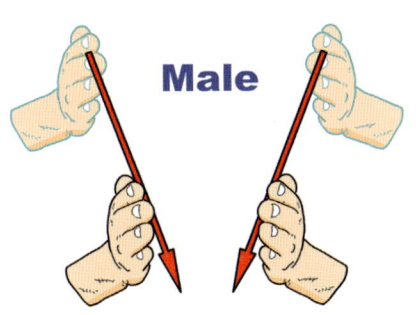

양쪽 손바닥과 손가락을 펴서 서로 마주 보도록 한 후 영문자 V자 모양처럼 아래로 내려가면서 좁아지게 한다.

드라이 슈트에 후드까지 쓴 다이버를 물속에서 처음 만났을 경우에는 그가 남성인지 여성인지 모를 수도 있다. 해양생물들도 자웅이 따로 있지만 간혹 자웅동체인 경우도 있고 암, 수를 구별하기 쉽지 않은 종류도 있다.

여성, 암컷 Female

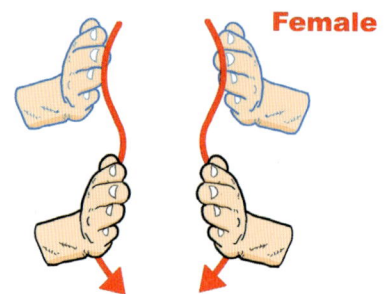

양쪽 손바닥이나 손가락을 납작하게 펴고 세워서 마주 보게 한 다음 수직으로 내려 가면서 그림과 같은 곡선을 그린다.

일상에서 여자의 모습을 이런 손짓으로 표현하는 경우가 있는데 수중에서 해양생물의 암컷을 표현할 때도 동일하게 사용한다.

교접(交接), 짝짓기 Mating

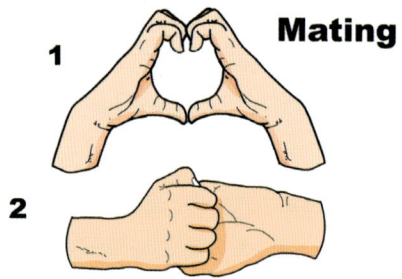

1단계 228p Love 신호를 한다.
2단계 손을 어긋나게 잡아 양쪽 팔이 수평이 되도록 한다.

짝짓기 하는 장면을 약간의 운만 있으면 그리 어렵지 않게 볼 수 있는 해양생물은 Sea Turtle이다. Mandarinfish는 인내심을 가지고 한참 고생해야 짝짓기를 볼 수 있고, Buffalofish 짝짓기는 매우 보기 힘들지만 일단 보면 감탄하게 된다. 팔라우에서 매년 3월 초순에 Siren Liveaboard와 동행하면 이른 새벽에 수백마리의 Buffalofish가 한 Point에 모여 단체로 짝짓기하는 스펙터클한 광경을 볼 수 있다.

잔다, 졸립다 Sleeping

양쪽 손, 손바닥을 합친다. 그 두 손바닥을 한쪽 귀 근처에 갖다 댄 후에 고개를 약간 그 쪽으로 기울인다.

야간 다이빙 때 산호초 사이 덤불 속 보금자리에서 잠자고 있는 물고기를 만날 수 있다. 간혹 졸고 있는 다이버도 있다.

죽었어 Dead

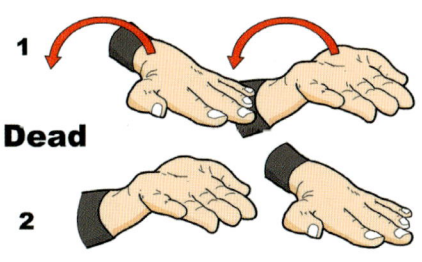

양쪽 손을 몸 앞에 반듯하게 펴되 한쪽 손바닥은 위로, 다른 쪽 손바닥은 아래로 향하게 한다.
그런 다음 양쪽 손바닥을 각각 반대 방향으로 뒤집는다.

수중에서 미동도 하지 않고 숨어 있는 해양생물들이 있고 사체로 발견되는 어류나 두족류도 있다. 죽었는지 살아있는지 의심이 갈 때 Buddy 끼리 교환할 수 있는 수신호다.

무언가 찾는다 Search for

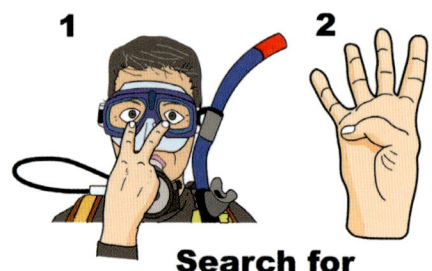

1단계 34p Look신호를 한다.
2단계 93p Four신호를 한다.

이 신호 뒤에는 무엇을 찾는지를 표현하는 추가적인 신호가 뒤따라야 한다.
무엇을 찾다 Search for의 for가 숫자4의 Four와 발음이 비슷해서 응용한 것이다. 영어를 일상어로 하는 사람들의 발상.

뒤돌아 헤엄쳐 갑니다 Turn Around and Swim Back

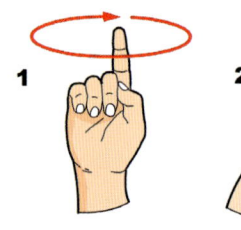 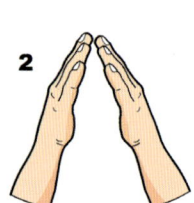

1단계 한쪽 손으로 29p Turn Around 신호를 한다.
2단계 그런 다음 양쪽 손바닥과 손가락을 납작하게 편 다음 손가락 끝이 서로 맞닿게 각을 이루어 집, 또는 지붕을 암시하는 동작을 한다.

이 신호는 애초의 입수 장소로 헤엄쳐 돌아가라는 의미로 쓰이기 시작하였다.
보트 다이빙에서는 이 Home Signal이 Boat Signal로 대체될 수 있다.

쭉 헤엄쳐 간다 Swim Through

Swim Through

한쪽 손으로 영문자 C모양을 만든다. 다른 쪽 손으로 77p Swim 신호를 하면서 C자 모양을 한 손가락 사이를 통과하여 나가게 한다.

다이빙을 진행 중 수중 지형이 갑자기 바뀔 때 일행이 잠시 멈추어 리더의 지시를 기다려야 할 경우가 있다. 이때 리더나 버디가 이런 신호로 계속 진행시킬 수 있을 것이다.

선(線), 밧줄 Line

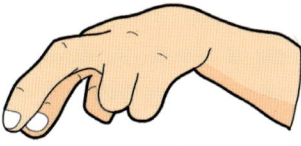

Line

한쪽 손 주먹에서 검지와 중지를 편 다음 검지를 중지 위에 겹쳐 올려놓는다.

Rope(밧줄)나 앵커라인을 가리킬 때 이 신호를 사용한다.

그러나 이 신호는 일반적으로 60p Entanglement, 244p Cut, 245p Bind 혹은 251p Hold on to the line 같은 신호와 연결하여 사용한다.

자르세요 Cut

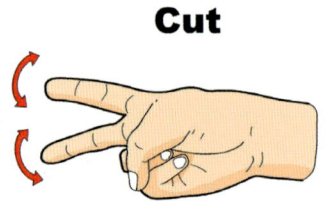

한쪽 손 주먹에서 검지와 중지를 편 후 그 사이를 약간 벌린다.
그 두 손가락으로 마치 가위를 암시하는 듯한 동작을 반복한다.

이 신호는 일반적으로 자른다는 뜻으로 사용되지만 어떤 다이버들은 어떤 동작을 중단한다는 의미, 즉 73p Abort Action과 같은 뜻의 신호로도 사용한다.

꽉 붙잡아 Hold(Hang On)

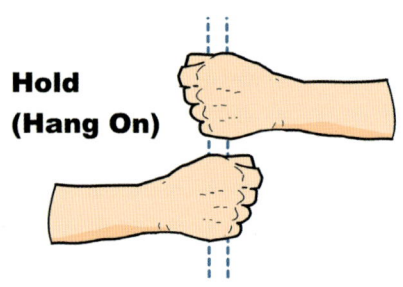

양쪽 손을 주먹 쥔다. 가슴 앞에서 한쪽 주먹을 다른 쪽 주먹 위에 올려놓아서 수직선 상의 줄을 잡고 있는 듯한 동작을 한다.

매우 빠른 해류에서 다이빙하는 경우, 리더나 가이드는 안전정지 또는 감압정지를 할 때 다이버 그룹에게 이 신호를 사용하여 앵커 줄 또는 하강 줄을 잡고 있도록 한다.

묶어, 고정해요 Bind(Fix)

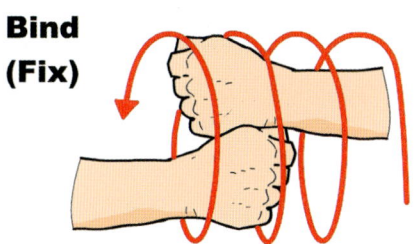

양쪽 손 주먹을 위아래로 붙이고 두 팔을 함께 사용하여 수평축으로 원을 그리듯 움직여 마치 밧줄로 둘러 묶는 것을 암시하는 동작을 한다.

예를 들면, 다이빙 중 수중에서 무언가 인양해야 할 경우 SMB 밧줄에 연결해 묶을 경우 쓸 수 있는 신호다.

칼 Knife

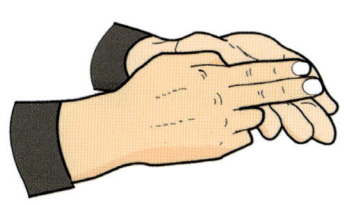

한쪽 손 주먹에서 검지와 중지를 펴서 붙인 다음 다른 쪽 손바닥 위에 올려 놓는다.

다이버는 수중에서 칼이 필요한 경우가 있어서 칼을 휴대한다. 그러나 흉기로 사용하지 못하도록 칼끝이 뭉툭한 칼이다. 60p Entanglement와 같은 경우 칼이 필요할 때가 있다.

이 신호는 일반적으로 다른 신호와 함께 사용하는데 예를 들면 244p Cut이다.

접촉(接觸) Touch

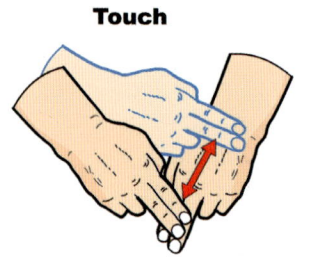

양손 주먹 쥔 상태에서 검지와 중지를 편다. 한쪽 편 두 손가락으로 다른 쪽 손등부터 두 손가락까지 위아래로 문지른다.

다이빙 중 수중 해양생물과 접촉하지 않는다는 것이 불문율이다. Touch 보다는 Don't Touch로 더 많이 쓰인다.

만지지 마요 Don't Touch

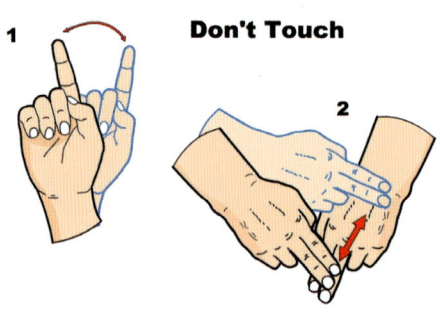

22p Don't 안 돼 신호를 한다. 그런 다음 Touch 신호를 한다.

스쿠버 다이빙하면서 수중에서 해양생물과 접촉해서는 안 된다.
'보기는 하되 만지지 말라'는 규칙을 항상 염두에 두어야 한다.
특히 독성이 있는 해양생물은 가벼운 접촉만으로도 큰 재앙을 만날 수 있기 때문에 "Don't Touch"는 엄수해야 한다.

사진 찍어요 Take Photo

양쪽 손 주먹에서 엄지와 검지를 편다. 마스크 앞에서 카메라를 암시하는 듯한 사각형 형태로 손가락을 구부린다. 한쪽 검지로 셔터 버튼을 누르는 듯한 동작을 한다.

스쿠버다이빙 중에는 능력 한계 내에서 여러 가지의 Special Activity를 하게 된다. 수중생물에 관한 연구, 수중 사진, 수중 비디오, 야간 다이빙, 동굴 다이빙, 난파선 다이빙, 해저유물 수색, 인양 등 자신의 취미를 살려 색다른 경험을 하게 된다. 그러나 같이 다이빙했던 버디나 일행과 같이 찍은 기념사진이야말로 먼 훗날 멋진 추억의 실마리를 제공한다.

배터리 어때? Battery Full?

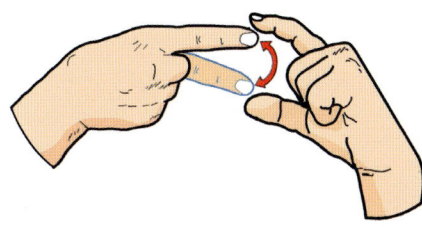

한쪽 손 주먹에서 엄지와 검지를 약간 띄워서 편다.
다른 쪽 손 역시 주먹에서 검지만 편 다음 그 검지로 반대편 엄지와 검지 사이를 위 아래로 움직인다.

이 신호 뒤에는 일반적으로 배터리 상태를 답하는 신호이거나 아니면 어떤 장비의 배터리인지 묻는 신호가 뒤따르게 된다.

배터리 충분해 Battery Full

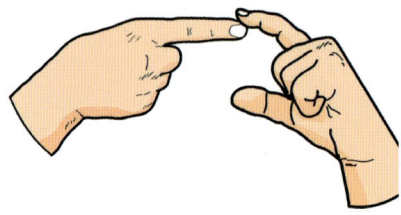

한쪽 손 주먹에서 엄지와 검지를 약간 띄워서 편다.

다른 쪽 손 역시 주먹에서 검지만 편 다음 그 검지로 반대편 검지에 갖다 댄다. 이 신호는 Battery Full? 묻는 신호에 대한 답 신호로 쓰게 된다.

배터리 반쯤 Battery Half-Full

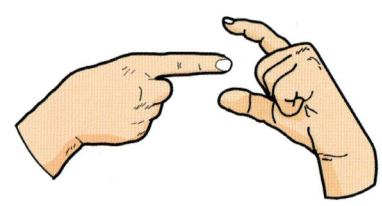

한쪽 손 주먹에서 엄지와 검지를 약간 띄워서 편다.

다른 쪽 손 역시 주먹에서 검지만 편 다음 그 검지로 반대편 엄지와 검지 사이의 중간을 가리킨다. 이 신호 역시 Battery Full? 묻는 신호에 대한 답 신호로 쓰게 된다.

배터리 모자라 Battery Low

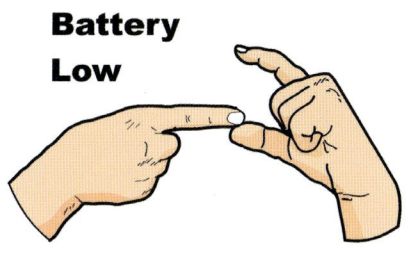

한쪽 손 주먹에서 엄지와 검지를 약간 띄워서 편다.

다른 쪽 손 역시 주먹에서 검지만 편 다음 그 검지로 반대편 엄지에 갖다 댄다. 이 신호 역시 Battery Full? 묻는 신호에 대한 답 신호로 쓰게 된다.

라이트 켜세요 Light(Lamp)

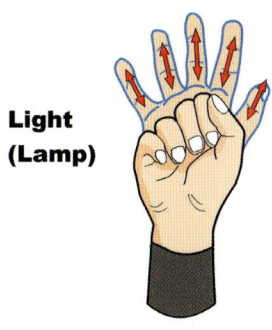

한쪽 손을 든 후 손바닥을 밖으로 향한 채 다섯 손가락을 약간 벌린 후 주먹을 쥐었다 폈다를 반복한다.

이 신호는 단순히 Light을 켜라는 의미다. 동굴 다이버들은 이 신호를 예비 라이트 준비를 염두에 두라는 신호로도 사용한다고...

라이트 끄세요 Light off

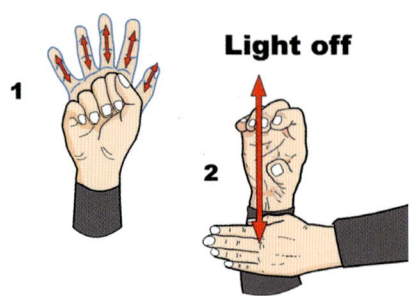

1단계 Light 신호
2단계 Light 신호를 하는 손 앞에 다른 쪽 손으로 반복적인 오르락내리락 동작을 한다.

야간 다이빙 중에는 라이트를 끈 후에야 비로소 보이는 해양생물도 있다.

부러지다, 부러트리다 Broken

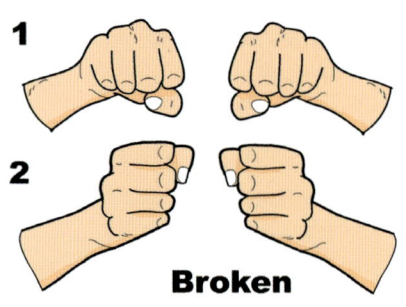

1단계 양쪽 손 주먹을 쥐고 평행 선상에 나란히 약간 떨어지게 유지한다.
2단계 그 두 주먹을 돌려 수직으로 세운다.

"부러트려라"라는 의미도 되고, 이미 "부러져 있다"라는 의미도 되겠다.

줄을 꽉 붙잡아 Hold on to the line

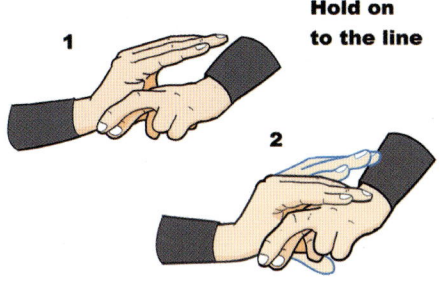

한 손으로 먼저 243p Line 신호를 한 다음 연결하여 다른 손으로 줄을 잡는 듯한 시늉을 한다.

스쿠버 다이빙 중에는 줄을 잡아야 하는 경우가 상당히 많다.
하강, 상승 줄, 앵커 줄, SMB 줄, 버디끼리 연결 줄, 동굴이나 난파선 다이빙 때 방향 표시 줄, 리프트 백 연결 줄 등등...

짜자안 Ta-daah

양손을 사용하여 지금 막 자신이 발견한 것을 가리키며 보여준다.

그것이 무엇이건 간에 보통은 발견하기 쉽지 않은, 그리고 누구든지 보면 혹할 것 같은 해양생물을 발견했을 때 자랑삼아 이 제스처를 쓸 수 있겠다.
그게 Pygmy Seahorse일 수도 있겠고, 화려한 Nudibranch 또는 예쁜 Egg Cowrie일 수도 있을 것이다.

그러다 쇠고랑 찬다 / 빵에 간다 Forbidden / Illegal

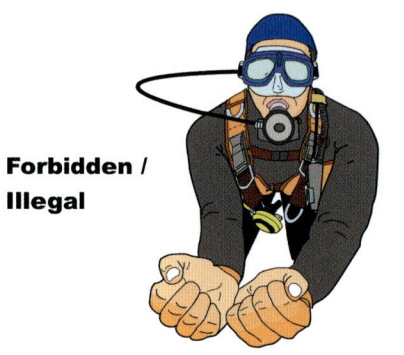

Forbidden / Illegal

양손 소맷부리를 마주쳐서 다이버가 체포되는 시늉을 한다.

누군가 수중에서 다이빙 중 법적으로 또는 해당 해역에서 규정상 금지하고 있는 행위를 할 때 이를 환기시키는 의미에서 사용할 수 있을 것이다.
힘없는 해양생물을 재미 삼아 학대한다든지 산호나 암초 위에 걸터앉거나 낙서하는 행위 등은 상식적으로도 삼가야 한다.

이거 비밀 지키세요 Keep it a secret

Keep it a secret

검지를 곧게 펴서 호흡기 앞에 갖다 댄다.

다이빙 중 서로 남에게는 비밀에 붙여야 될 사안이 생겼을 때 쓴다고....
그게 무엇이 될지는 몰라도...

제에애발! Please!

위쪽을 바라보면서 양손을 마주 잡고 가볍게 흔든다.

상대방에게 자신이 원하는 것을 바랄 때 쓸 수 있겠다.
상대가 인간(人間)이건 자연(自然)이건 혹은 신(神)이건 간에…

너 잘할 수 있어 / 잘했어, 바로 그거야 You've got it.

한쪽 검지로 코를 가리키고 다른 손 검지로는 누군가를 가리킨다.

"You have got it."라는 말은 영어 숙어인데 "You can do it.. 너 할 수 있어"와 같은 뜻으로 사용한다고… 우리나라 사람들이 경기장에서 선수를 응원할 때 또는 일상생활에서도 누구를 격려할 때 "Fighting 파이팅"이라고 외치는데, 영어 원어민들은 이 경우에 해당하는 표현으로 "Fighting 파이팅" 대신 "You've got it."을 쓴다고 한다. 일반적으로 "You've got it."을 "잘했어, 바로 그거야."와 같이 과거형으로 쓰는 사람들도 많다고…

편집 후기

집과 회사를 오가는 일상에 파묻혀 지내던 내게 우연히 찾아온 스쿠버 다이빙은 때로는 미지의 세계를 탐험하는 기쁨을, 때로는 지친 일상에서 벗어날 수 있는 도피처를 선사해 주었습니다.

십수 년 전, 설렘과 낯섦이 공존하던 첫 스쿠버 송년 모임에서 처음 뵌 김광평 님은 아버지보다 연세가 많으셨지만, 늘 '형님'이라는 호칭을 고수하시던 젊은 다이버였습니다.

어느덧 산수를 넘기신 연세에도 불구하고, 그동안 숨겨두었던 재능을 펼쳐 국내 스쿠버 다이빙계에 의미 있는 자료를 남길 수 있도록 기회를 마련해 주신 데 편집자 로서 깊이 감사드립니다.

이 책은 총 8개의 카테고리로 구성되어 있으며, 다양한 수신호뿐만 아니라 스쿠버다이버라면 흔히 접하는 110여 종의 수중 생물 관련